国学小课堂

论语

注音全译本

何山石 何于斯 译著

长江出版传媒
湖北美术出版社

目录

写在前面

《国学小课堂》丛书的策划初衷，是给青少年读者，以及他们的父母，提供一份较利于亲子共读的国学书目，选定的国学经典，既要让他们读得懂，也能够坚持读下去。

丛书以《老子》《论语》《史记》《颜氏家训》《三字经、千字文、百家姓》为选定书目，是参考了传统经、史、子、集“四部”分法的安排。《论语》家喻户晓，是儒家“十三经”中最流行的一种，选定《论语》，就选择了“经部”作品中最重要的经典。《史记》居“二十四史”之首，也是人人皆知的“史部”经典，让青少年读者了解中国的历史，感受中国历史的悠久，读一点《史记》原文，很有必要。《老子》是“子部”作品中最广为人知的代表作，也是世界流行的经典，五千言书，智慧含量极高，这样的书，应该让青少年读者反复“嚼”。《三字经、千字文、百家姓》是蒙学经典，一代一代中国人，都是在“人之初、性本善”，“赵钱孙李”，“天地玄黄、宇宙洪荒”的吟唱中，慢慢长大，三种蒙学经典汇成一册，是常见的出版物形式，也可以视为一种“集”部作品。《颜氏家训》是家训经典，按道理讲，它应该是个性张扬的“子部”作品，对当代家庭教育极有启发，所以，也作为丛书的一种选进来。

本来，《国学小课堂》选入的经典，都要以“全译本”的形式，完整地呈现给读者，这是因为，当下的各种选本，一鳞半爪，割裂经典，非常不利于读者了解经典作品的全貌。《论语》《老子》《三字经、千字文、百家姓》这几种，我们努力做到了“全译”，以便使读者对经典有完整的了解。但是，《史记》有五十多万字，“全译”基本不可能，《颜氏家训》不仅内容比较庞杂，而且，像“后娶篇”这样的内容，根本不适合我们这个时代了。所以，这两种经典，也无法避免流俗做法，只能以“选本”的方式，呈现给读者，我们尽量做到选文的文意比较完整，能传达作者完整的某种想法、观点，等等，来弥补这些不足。

最后，为了使阅读更便利，《国学小课堂》的全部经典原文，都加上注音，以便稍稍减轻生难字认读的困难，使读者的阅读体验更加愉悦。

学而篇第一

十六则

·导读·

《论语》的第一篇为“学而篇”。《论语》每篇的命名，是取该篇第一则开始的两个字或三个字，如“学而篇”取第一则的“学而”二字。《论语》二十篇的排列，也不是随便乱排，有一定的规律。比如，学习是人一生中最重要的事，就将“学而篇”排在第一；学习好本领后，就要为国家、社会做贡献，所以要“为政”，参与到实践中，因此，第二篇就是“为政篇”。在阅读《论语》时，也可以思考一下，二十篇的排列顺序，有什么内在规律，说不定会有新的发现。

“学而篇”共十六则，讲到了学习方法、诚信、反省等内容。在这一篇中，有四则讲“孝顺父母”，占“学而篇”的四分之一。为什么在讲学习的“学而篇”中，有这么多讲“孝顺”的内容呢？这是因为，在中国的传统中，“孝”被认为是人最重要的品德，孝顺父母、忠于国家，都称之为“孝”，“以孝治国”也一直是中国的治国方法，所以，在《论语》的第二篇“为政篇”中，也有几章讲到“孝”。人的学习，首先是学“立人”，即先学做人，其次再学习其他具体知识，俗话说，先学规矩再学技术，就是这个意思。我们现在学习《论语》，也就是学习“规矩”，培养高尚的品德，奠定人生的基础。

读《论语》，要学会从不同角度来理解其中的语句。例如，国学大师南怀瑾解释“有朋自远方来，不亦乐乎”这句话时，就与别人不同：“从一般人到公务员，凡靠薪水吃饭的，是‘富不过三天，穷不过一月’，遇上了穷的那几天，朋友要来家里吃饭，当裤子都来不及，那是痛苦万分的事。所以是‘有朋自远方来不亦“惨”乎’。绝不是不亦乐乎。”仔细一想，南怀瑾的解释，也很有道理。

一

zǐ yuē xué ér shí xí zhī bù yì yuè hū yǒu
子曰：“学而时习之，不亦说乎？有
péng zì yuǎn fāng lái bù yì lè hū rén bù zhī ér bù
朋自远方来，不亦乐乎？人不知，而不
yùn bù yì jūn zǐ hū
愠，不亦君子乎？”

译 孔子说：“学习了的知识，按时复习，不也是很高兴的事情吗？志同道合的朋友，从远方到来，不也是很快乐的事情吗？别人不理解自己，并不怨恨，不正是君子吗？”

二

yǒu zǐ yuē qí wéi rén yě xiào tì ér hào fàn shàng
有子曰：“其为人也孝弟，而好犯上
zhě xiǎn yǐ bù hào fàn shàng ér hào zuò luàn zhě wèi
者，鲜矣；不好犯上，而好作乱者，未
zhī yǒu yě jūn zǐ wù běn běn lì ér dào shēng xiào tì
之有也。君子务本，本立而道生。孝弟
yě zhě qí wéi rén zhī běn yú
也者，其为仁之本与！”

译 有若说：“一个人，孝顺父母，亲爱兄弟，却又喜欢去做冒犯上级的事，这种人很少见；不喜欢冒犯上级，却喜欢造反，这种人也没有过。作为君子，应该专心于最根本、最重要的事，根本树立了，‘道’就会产生。孝顺父母，亲爱兄弟，这大概就是‘仁’的根本吧！”

三

zǐ yuē qiǎo yán lìng sè xiǎn yǐ rén

子曰："巧言令色，鲜矣仁！"

译 孔子说："花言巧语，满脸讨好、巴结的表情，这种人，是很少有仁德的。"

四

zēng zǐ yuē wú rì sān xǐng wú shēn wèi rén móu ér bù zhōng hū yǔ péng yǒu jiāo ér bù xìn hū chuán bù xí hū

曾子曰："吾日三省吾身：为人谋而不忠乎？与朋友交而不信乎？传不习乎？"

译 曾子说："我每天都自己反省很多次：为别人办事情，是否都尽心了呢？与朋友交往，是否都诚实守信呢？老师传授给我的知识，我是否都复习了呢？"

五

zǐ yuē dǎo qiān shèng zhī guó jìng shì ér xìn jié yòng ér ài rén shǐ mín yǐ shí

子曰："道千乘之国，敬事而信，节用而爱人，使民以时。"

译 孔子说："治理拥有一千辆兵车的国家，办事要严肃认真，诚实守信，不欺骗人，厉行节约，关爱他人，让老百姓服劳役，要选择在农闲的时候。"

六

zǐ yuē dì zǐ rù zé xiào chū zé tì jǐn ér
子曰：“弟子入则孝，出则悌，谨而
xìn fàn ài zhòng ér qīn rén xíng yǒu yú lì zé yǐ
信，泛爱众，而亲仁。行有余力，则以
xué wén
学文。”

译 孔子说：“年轻人，在家孝顺父母，出门亲爱兄长，谨慎而诚信，关爱他人，亲近仁德。做好这些，再将多余的精力，用于学习书本知识。”

七

zǐ xià yuē xián xián yì sè shì fù mǔ néng jié
子夏曰：“贤贤易色；事父母，能竭
qí lì shì jūn néng zhì qí shēn yǔ péng yǒu jiāo yán
其力；事君，能致其身；与朋友交，言
ér yǒu xìn suī yuē wèi xué wú bì wèi zhī xué yǐ
而有信。虽曰未学，吾必谓之学矣。”

译 子夏说：“一个人，应该重贤能，轻容貌；侍奉父母，能尽心竭力；为君主效力，即使献出生命，也不推辞；与朋友交往，诚实守信，说到做到。这样的人，即使自己说没有学问，我也认为他是个很有学问的人。”

八

zǐ yuē jūn zǐ bù zhòng zé bù wēi xué zé bù
子曰：“君子不重，则不威。学则不
gù zhǔ zhōng xìn wú yǒu bù rú jǐ zhě guò zé wù
固。主忠信。无友不如己者。过，则勿
dàn gǎi
惮改。”

译　孔子说：“作为君子，不够庄重，就没有威严。能认真学习，便不会固执浅陋。做人做事，忠诚守信。不跟道德上比自己差的人交朋友。有了过错，不害怕努力改正。”

九

zēng zǐ yuē shènzhōng zhuī yuǎn mín dé guī hòu yǐ
曾子曰：“慎终，追远，民德归厚矣。”

译　曾子说：“父母去世，丧事要谨慎。对逝去的祖先，要怀念追思。这样一来，天下的人都会回归淳厚质朴了。”

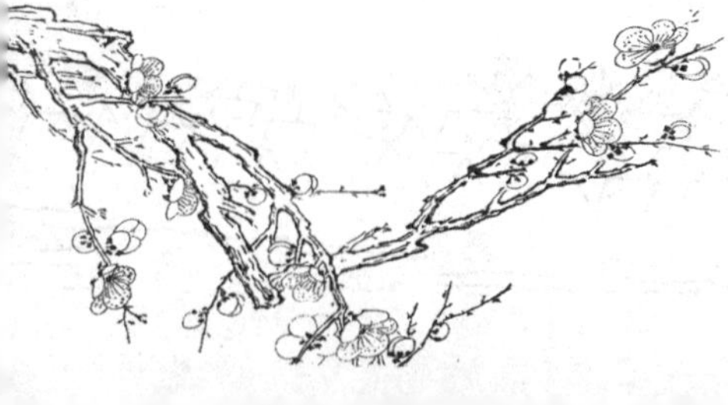

十

zǐ qín wèn yú zǐ gòng yuē fū zǐ zhì yú shì bāng
子禽问于子贡曰：“夫子至于是邦
yě bì wén qí zhèng qiú zhī yú yì yǔ zhī yú zǐ
也，必闻其政，求之与？抑与之与？”子
gòng yuē fū zǐ wēn liáng gōng jiǎn ràng yǐ dé zhī
贡曰：“夫子温、良、恭、俭、让以得之。
fū zǐ zhī qiú zhī yě qí zhū yì hū rén zhī qiú zhī yú
夫子之求之也，其诸异乎人之求之与！”

译 子禽问子贡：“老师不管到哪个国家，都一定要了解、参与那个国家的治理，老师是自己求来的，还是别人主动给他的呢？”子贡回答说：“老师是通过温和、善良、恭敬、节俭、谦让这样的方式取得的。老师用的方法，与别人的方法相比，还是不相同吧。”

十一

zǐ yuē fù zài guān qí zhì fù mò guān qí
子曰：“父在，观其志；父没，观其
xíng sān nián wú gǎi yú fù zhī dào kě wèi xiào yǐ
行；三年无改于父之道，可谓孝矣。”

译 孔子说：“父亲活着时，观察做儿子的志向；父亲去世后，观察做儿子的行为。如果做儿子的，在很长时间内，都不会轻易改变父亲的有益做法，这样就可以说是孝顺了。”

十二

yǒu zǐ yuē lǐ zhī yòng hé wéi guì xiān wáng zhī
有子曰：“礼之用，和为贵。先王之
dào sī wéi měi xiǎo dà yóu zhī yǒu suǒ bù xíng zhī
道，斯为美。小大由之，有所不行。知
hé ér hé bù yǐ lǐ jié zhī yì bù kě xíng yě
和而和，不以礼节之，亦不可行也。”

译　有子说：“礼仪的运用，贵在恰当。过去的君王治理国家，最可宝贵的地方，就在这里。但是，如果不管是小事情，还是大事情，都遵循这个原则，就不一定行得通了。只是为了和谐而和谐，不用礼仪规范来制约，也是行不通的。”

十三

yǒu zǐ yuē xìn jìn yú yì yán kě fù yě gōng
有子曰：“信近于义，言可复也。恭
jìn yú lǐ yuǎn chǐ rǔ yě yīn bù shī qí qīn yì kě
近于礼，远耻辱也。因不失其亲，亦可
zōng yě
宗也。”

译　有子说：“诚信符合道义，所说过的话就能实现。恭敬的态度符合礼仪，就能远离耻辱。选择那些关系亲近的人来依靠，也值得推崇。”

十四

zǐ yuē jūn zǐ shí wú qiú bǎo jū wú qiú ān
子曰：“君子食无求饱，居无求安，
mǐn yú shì ér shèn yú yán jiù yǒu dào ér zhèng yān kě wèi
敏于事而慎于言，就有道而正焉，可谓
hào xué yě yǐ
好学也已。”

译 孔子说：“作为君子，饮食不追求过于饱足，居处不要求过于舒适，处事敏捷，说话谨慎，向有道的人学习，来端正自己的行为，这样就可以说是好学的人。”

十五

zǐ gòng yuē pín ér wú chǎn fù ér wú jiāo hé
子贡曰：“贫而无谄，富而无骄，何
rú zǐ yuē kě yě wèi ruò pín ér lè fù ér
如？”子曰：“可也；未若贫而乐，富而
hào lǐ zhě yě
好礼者也。”

zǐ gòng yuē shī yún rú qiē rú cuō rú
子贡曰：“《诗》云：‘如切如磋，如
zhuó rú mó qí sī zhī wèi yú zǐ yuē cì yě
琢如磨’，其斯之谓与？”子曰：“赐也，
shǐ kě yǔ yán shī yǐ yǐ gào zhū wǎng ér zhī lái zhě
始可与言诗已矣，告诸往而知来者。”

译 子贡说：“虽然自己贫穷，但不巴结别人，虽然自己很富有，但不骄横，怎么样？”孔子说：“这样也可以了。但是，还是比不上虽然贫穷，却乐于道，也比不上虽然富有，却谦虚有礼呢。”

子贡说：“《诗经》中说：‘切呀，磋呀，琢呀，磨呀。’就是这个意思吧？”孔子说：“端木赐（子贡）呀，现在能与你谈论《诗经》了，告诉你一点，能触类旁通，知道其他的。”

十六

zǐ yuē bù huàn rén zhī bù jǐ zhī huàn bù zhī rén
子曰：“不患人之不己知，患不知人
yě
也。”

译 孔子说：“不担心别人不了解我，担心的是我不了解别人。”

读后感

孔子这个人

我在读《论语》的“学而篇”时，读到子贡评价他的老师孔子，说：“夫子温、良、恭、俭、让以得之，夫子之求之也，其诸异乎人之求之与？”用五个字评价孔子，我觉得非常恰当。

孔子是个温和的人，读完《论语》五百多则，找不出哪则是记载他发脾气的，真难得！

孔子也是个善良的人。当他听说家里的马棚着火了，问家里人的第一件事，就是有没有烧伤人，而不是关心损失了多少财物。

同时，孔子对人恭敬，有礼貌，处处谦让，生活朴素、节俭，这些优点，都值得我们当代人学习呀！

当然，孔子这个人，还有一个突出的特点，就是好学。孔子学习的知识很多，有礼，有孝，有治国的方法，等等。孔子学习时，特别注意学习方法，如他在《论语》这本书中的第一句话——“学而时习之”，讲的就是学习时，要用好复习这个方法。

为政篇第二

二十四则

导读

北宋有个宰相，叫赵普，他有句话叫“半部《论语》治天下”，非常有名。一本叫《鹤林玉露》的书记载，说赵普作为宰相，没什么学问，只读过《论语》一本书。后来，宋太宗赵光义问起这件事，赵普有一个非常机智的回答：“昔以其半辅太祖定天下，今欲以其半辅陛下致太平。”意思就是说：“我以前用一半《论语》辅助太祖平定了天下，现在又用一半《论语》帮您治理天下。”这就是“半部《论语》治天下”这个故事的来历。这不一定是个真实的故事，但告诉了我们一个真实的道理：《论语》对如何治理国家，有重要的作用。所以，《论语》的第二篇，就是“为政篇”，讲的就是治理国家。

杨绛先生曾说：“‘四书’我最喜欢《论语》，因为最有趣，读《论语》，读的是一句一句话，看见的却是一个一个人，书里的一个个弟子，都是活生生的，一个一个样儿，各不相同。”《论语》的五百多则语句，其实讲的都是有趣的人，包括孔子自己。在“为政篇”中，孔子就讲到了樊迟、子夏、颜回这些学生。

我们现在总说：“重要的事情说三遍！”在古代，重要的事情说两遍，在“为政篇”的第十章，孔子就是这么做的，赶紧去看一下吧。

在“为政篇”中，大部分内容，讲的都是，作为个人，如何为国家发展贡献力量，如何为老百姓谋幸福，学习这样的内容，现在一样非常有意义。

一

zǐ yuē wéi zhèng yǐ dé pì rú běi chén jū qí suǒ ér zhòng xīng gǒng zhī

子曰：“为政以德，譬如北辰，居其所而众星共之。”

译 孔子说：“用仁德治理国家，自己就像变成了北极星，处于这样的位置，别的星星都环绕着它。”

二

zǐ yuē shī sān bǎi yī yán yǐ bì zhī yuē sī wú xié

子曰：“《诗》三百，一言以蔽之，曰：‘思无邪。’”

译 孔子说：“《诗经》中三百篇诗，可以用一句话来概括它们的特征，就是：‘思想纯正。’”

三

zǐ yuē dǎo zhī yǐ zhèng qí zhī yǐ xíng mín miǎn ér wú chǐ dǎo zhī yǐ dé qí zhī yǐ lǐ yǒu chǐ qiě gé

子曰：“道之以政，齐之以刑，民免而无耻；道之以德，齐之以礼，有耻且格。”

译 孔子说：“用政令来引导老百姓，使用刑罚来整治他们，老百姓只是避免被惩罚，但不会有羞耻心。如果用仁德来引导他们，使用礼仪来规范他们，老百姓不但有羞耻心，而且发自内心地跟随统治者。”

四

zǐ yuē wú shí yòu wǔ ér zhì yú xué sān shí ér
子曰：“吾十有五而志于学，三十而
lì sì shí ér bù huò wǔ shí ér zhī tiān mìng liù shí
立，四十而不惑，五十而知天命，六十
ér ěr shùn qī shí ér cóng xīn suǒ yù bù yú jǔ
而耳顺，七十而从心所欲，不逾矩。”

译 孔子说：“我从十五岁开始，立志于问学；到了三十岁，懂得了什么是自立；到了四十岁，不再迷惑；到了五十岁，懂得了什么是天命；到了六十岁，听别人说的话，便能明真假，辨是非；到了七十岁，就能完全掌握自己的内心，所有想法、念头都不会越出规矩。”

五

孟懿子问孝。子曰："无违。"

樊迟御，子告之曰："孟孙问孝于我，我对曰，无违。"樊迟曰："何谓也？"子曰："生，事之以礼；死，葬之以礼，祭之以礼。"

译　鲁国有个叫孟懿子的人，向孔子请教什么是孝。孔子说："不要做违背礼仪规范的事。"

后来，孔子的学生樊迟替孔子驾车，孔子对他说："孟懿子这个人，曾问我什么是孝，我回答他说，不要做违背礼仪规范的事。"樊迟问："这是什么意思呢？"孔子回答说："父母亲都活着的时候，按照礼节侍奉他们；他们去世了，又按礼仪规范埋葬他们，祭祀他们。"

六

孟武伯问孝。子曰："父母唯其疾之忧。"

译　孟懿子的儿子孟武伯，向孔子请教什么是孝道。孔子说："父母亲生病了，做儿子的总是非常担心，（这就可称作孝了）。"

七

zǐ yóu wèn xiào zǐ yuē jīn zhī xiào zhě shì wèi
子游问孝。子曰："今之孝者，是谓
néng yǎng zhì yú quǎn mǎ jiē néng yǒu yǎng bù jìng hé
能养。至于犬马，皆能有养；不敬，何
yǐ bié hū
以别乎？"

译 孔子的学生子游，向孔子请教什么是孝道。孔子回答说："现在的人，认为孝，就是养活爹娘便可以了。可是，狗和马这些动物，都能够得到饲养啊；对父母的赡养，若不尊敬，那养活爹娘，和饲养狗、马这些动物，有什么区别呢？"

八

zǐ xià wèn xiào zǐ yuē sè nán yǒu shì dì
子夏问孝。子曰："色难。有事，弟
zǐ fú qí láo yǒu jiǔ shí xiān shēng zhuàn céng shì yǐ wéi
子服其劳；有酒食，先生馔，曾是以为
xiào hū
孝乎？"

译 孔子的学生子夏，向孔子请教什么是孝道。孔子说："最难的事情，是做儿女的，对父母要和颜悦色。有事情要做，年幼的人多出力；有美味的食物，年长的人先享用，仅仅做到这些，竟可以认为是孝了么？"

九

zǐ yuē wú yǔ huí yán zhōng rì bù wéi rú

子曰：“吾与回言终日，不违，如

yú tuì ér xǐng qí sī yì zú yǐ fā huí yě bù yú

愚。退而省其私，亦足以发，回也不愚。”

译 孔子说：“我整天和颜回交流学问，他从来不提出反对意见，看起来像个傻瓜。但是，他回去后自己再学习，却能有很多新发现，颜回并不傻呀！”

十

zǐ yuē shì qí suǒ yǐ guān qí suǒ yóu chá qí

子曰：“视其所以，观其所由，察其

suǒ ān rén yān sōu zāi rén yān sōu zāi

所安。人焉廋哉？人焉廋哉？”

译 孔子说：“观察一个人，要观察他为什么做这件事，也要观察他怎样去做，并且观察他做这件事情时，是心安，还是不安。这样一来，这个人还如何隐藏自己呢？这个人还如何隐藏自己呢？”

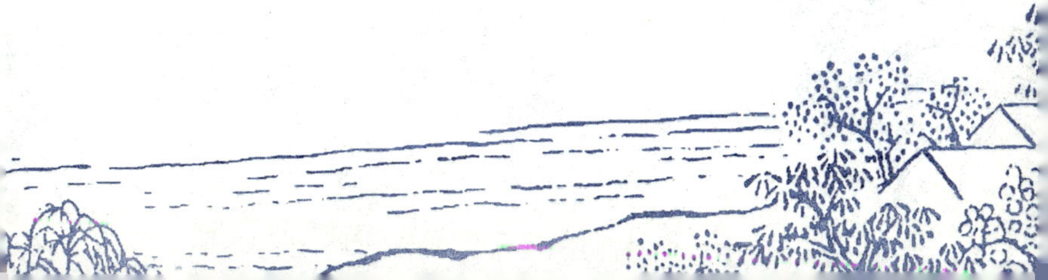

十一

zǐ yuē wēn gù ér zhī xīn kě yǐ wéi shī yǐ

子曰：“温故而知新，可以为师矣。”

译 孔子说：“学习过的知识，能经常温习，并且温习时能有新发现，就可以当老师了。”

十二

zǐ yuē jūn zǐ bù qì

子曰：“君子不器。”

译 孔子说：“君子不能像个器具一样，（只能有某一种用途）。”

十三

zǐ gòng wèn jūn zǐ zǐ yuē xiān xíng qí yán ér hòu cóng zhī

子贡问君子。子曰：“先行其言而后从之。”

译 子贡问孔子，怎样才能做一个君子。孔子回答说：“任何事情，先做，然后再说，这样可算得上是君子了。”

十四

zǐ yuē jūn zǐ zhōu ér bù bì xiǎo rén bì ér bù zhōu

子曰：“君子周而不比，小人比而不周。”

译 孔子说：“君子能团结人，但不互相勾结；小人互相勾结，但不能团结他人。”

十五

zǐ yuē xué ér bù sī zé wǎng sī ér bù xué zé dài

子曰：“学而不思则罔，思而不学则殆。”

译 孔子说：“读书学习，如果不思考，就会迷惑；如果只会空想，而不读书学习，那就很危险，不会有收获。”

十六

zǐ yuē gōng hū yì duān sī hài yě yǐ

子曰：“攻乎异端，斯害也已。”

译 孔子说：“只向反对的那一方进攻，就有害了。”

十七

zǐ yuē yóu huì rǔ zhī zhī hū zhī zhī wéi zhī
子曰："由！诲女知之乎！知之为知

zhī bù zhī wéi bù zhī shì zhì yě
之，不知为不知，是知也。"

译　孔子说："仲由(子路)！让我告诉你获得知识的智慧吧，知道就是知道，不知道就是不知道，这就是智慧。"

十八

zǐ zhāng xué gān lù zǐ yuē duō wén quē yí shèn
子张学干禄。子曰："多闻阙疑，慎

yán qí yú zé guǎ yóu duō jiàn quē dài shèn xíng qí yú
言其余，则寡尤；多见阙殆，慎行其余，

zé guǎ huǐ yán guǎ yóu xíng guǎ huǐ lù zài qí zhōng yǐ
则寡悔。言寡尤，行寡悔，禄在其中矣。"

译　孔子的学生子张，向孔子请教求取官职、俸禄的方法。孔子说："多听，如果有疑问，先放一旁；对自己自信的部分，也谨慎地说，错误自然能减少。多看，如果有疑问，先放一旁；对自己有把握的部分，也谨慎地去做，悔恨自然能减少。说话少出错，行动少懊悔，官职、俸禄就在这里面了。"

十九

āi gōng wèn yuē hé wéi zé mín fú kǒng zǐ duì
哀公问曰："何为则民服？"孔子对

yuē jǔ zhí cuò zhū wǎng zé mín fú jǔ wǎng cuò zhū
曰："举直错诸枉，则民服；举枉错诸

zhí zé mín bù fú
直，则民不服。"

译　鲁哀公问孔子："要怎样做，老百姓才会心服口服呢？"孔子回答说："任用正直的人，废用邪恶的人，老百姓就会服从；如果任用邪恶的人，废用正直的人，老百姓就不会服从。"

二十

jì kāng zǐ wèn shǐ mín jìng zhōng yǐ quàn rú zhī
季康子问："使民敬、忠以劝，如之
hé zǐ yuē lín zhī yǐ zhuāng zé jìng xiào cí
何？"子曰："临之以庄，则敬；孝慈，
zé zhōng jǔ shàn ér jiāo bù néng zé quàn
则忠；举善而教不能，则劝。"

译　季康子问孔子："要怎么样做，才能使老百姓内心有敬畏，忠于国家，加倍努力，并且相互勉励呀？"孔子说："为老百姓办事情，严肃认真，他们的内心就有敬畏；孝顺父母，关爱幼小，他们就会尽心努力；使用好人，教育那些能力差的人，他们就会相互勉励。"

二十一

huò wèi kǒng zǐ yuē zǐ xī bù wéi zhèng zǐ yuē
或谓孔子曰："子奚不为政？"子曰：
shū yún xiào hū wéi xiào yǒu yú xiōng dì yí yú
"《书》云：'孝乎惟孝，友于兄弟，施于
yǒu zhèng shì yì wéi zhèng xī qí wéi wéi zhèng
有政。'是亦为政，奚其为为政？"

译　有人问孔子："你为什么不参政呀？"孔子回答说："《尚书》中说：'孝呀，真是孝呀！孝顺父母，友爱兄弟，用这种风气去影响政治。'这就是参与政治了呀，（你们说），要怎么做才算参政呢？"

二十二

zǐ yuē rén ér wú xìn bù zhī qí kě yě dà
子曰："人而无信，不知其可也。大

chē wú ní xiǎo chē wú yuè qí hé yǐ xíng zhī zāi
车无輗，小车无軏，其何以行之哉？"

译 孔子说："人如果没有诚信，就不知这个人还怎么可以了。这就像车的辕木和横木之间，如果没有灵活的接榫(这个关键零件)，大车和小车，如何能行进呢？"

二十三

子张问："十世可知也？"子曰："殷因于夏礼，所损益，可知也；周因于殷礼，所损益，可知也。其或继周者，虽百世，可知也。"

译 子张问孔子："从现在开始，十代以后的（礼仪制度），能预先知道吗？"孔子回答说："殷朝继承夏朝的礼仪制度，废除的与增加的，是可以知道的；周朝继承殷朝的礼仪制度，废除的与增加的，也是可以知道的。如果有继承周朝的人，即使一百代以后，也是可以预先知道的。"

二十四

子曰："非其鬼而祭之，谄也。见义不为，无勇也。"

译 孔子说："不应该祭祀的祖先，却去祭祀，是谄媚。应该挺身而出的事情，却袖手旁观，就是胆小鬼。"

读后感

诚信

我读《论语》的第二篇，即“为政篇”时，最喜欢的一句话是：“人而无信，不知其可也。”这句话的意思很简单，说的是一个人要是没有诚信，就不知道这是个什么样的人了。做人诚信，说起来简单，做起来很难。

我在读《史记》的时候，有一个故事，现在还记得清清楚楚，讲的就是人要诚信。说的是有一个人叫张仪，首先答应楚怀王，如果他跟齐国断绝关系，就给他六百里土地。楚怀王相信了张仪，和齐国断绝了关系。结果，楚怀王来向张仪要土地时，张仪却说，当时是答应给他六里土地，而不是六百里。楚怀王听后，真是气晕了。张仪是个不讲信用的人，虽然他玩弄诡计，暂时取得成功，但最终还是失败了。

在《论语》中，孔子有很多地方都说到，要做一个讲诚信的人，如在第一篇“学而篇”中说“主忠信”，第十五篇“卫灵公篇”中说“言忠信，行笃敬”，都是讲诚信的重要。

我们应该向孔子学习，做一个讲诚信的人。

八佾篇第三

二十六则

导读

在“八佾篇”中，主要讲孔子对礼仪与音乐的看法。

在《说文解字》这本书中，对“礼”的解释是：“礼者，履也。”意思就是说，礼，是用来执行、履行的。中国是礼仪之邦，小到日常生活，大到国家大事，都要遵守、履行礼仪规范。中国的礼，在很长的时期内，与法律的作用是相同的。

“八佾篇”的第一章，就指出季氏这个人，不遵守礼仪规范。本来，八行八列、一共六十四人的舞蹈，只有君主才能使用，季氏不是君主，却使用这种舞蹈，就完全不合“礼”了。

礼与音乐、舞蹈，又是分不开的。孔子就是个喜欢欣赏音乐的人，“三月不知肉味”，就是说他听到喜欢的乐曲后，沉醉其中，都忘记了美食的好味道。其实，在古代，音乐、舞蹈，也是礼仪规范的一种，什么人，听什么音乐，用什么舞蹈，都有严格规定。

历史上不守“礼”，乱用“乐”的人，总会被人耻笑。例如，南北朝时期，有个叫高纬的皇帝，自称“无忧天子”。身为皇帝，完全不关心老百姓的死活，却沉迷于音乐中，在很多时候，自己作词、作曲，手抱琵琶，像野兽一样嚎叫乱唱。有时候，他玩得一高兴，命令宫中上千名太监、侍女，一起给他伴唱，场面很壮观。有人讽刺高纬，说他是最早组建“乐队”的人。这样的人，怎么能治理好国家，带给老百姓美好生活呢？

一

kǒng zǐ wèi jì shì bā yì wǔ yú tíng, shì kě rěn yě, shú bù kě rěn yě?

孔子谓季氏："八佾舞于庭，是可忍也，孰不可忍也？"

译 孔子谈到季氏这个人时说："他在庭院中，使用六十四人的舞蹈(古代天子才能用)，这样的事都能被容忍，还有什么事不能容忍的呢？"

二

sān jiā zhě yǐ yōng chè. zǐ yuē: xiàng wéi bì gōng, tiān zǐ mù mù, xī qǔ yú sān jiā zhī táng?

三家者以《雍》彻。子曰："'相维辟公，天子穆穆'，奚取于三家之堂？"

译 仲孙、叔孙、季孙这三家，祭祀祖先时，也唱着《雍》这样的诗篇，撤掉祭品。孔子说："《雍》这首诗中，有这样两句：'诸侯公卿来助祭，天子肃穆庄严为主祭。'这样的诗句，在这三家的堂上唱，有什么意义呀！"

三

zǐ yuē rén ér bù rén rú lǐ hé rén ér bù rén rú yuè hé

子曰："人而不仁，如礼何？人而不仁，如乐何？"

（译）孔子说："人如果不仁，拿礼仪规范怎么办？人如果不仁，拿音乐又怎么办呢？"

四

lín fàng wèn lǐ zhī běn zǐ yuē dà zāi wèn lǐ yǔ qí shē yě nìng jiǎn sāng yǔ qí yì yě nìng qī

林放问礼之本。子曰："大哉问！礼，与其奢也，宁俭；丧，与其易也，宁戚。"

（译）林放问孔子，什么是礼的本质。孔子说："你问了个意义重大的问题呀！对一般礼仪而言，与其奢侈浪费，宁可节俭；如果就丧礼来说，与其强忍悲痛，不如表达悲哀。"

五

zǐ yuē yí dí zhī yǒu jūn bù rú zhū xià zhī wú yě

子曰："夷狄之有君，不如诸夏之亡也。"

（译）孔子说："夷狄这样的地方，虽然有君主，还不如中国没有君主哩。"

六

jì shì lǚ yú tài shān　zǐ wèi rǎn yǒu yuē　rǔ fú
季氏旅于泰山。子谓冉有曰："女弗

néng jiù yú　duì yuē　bù néng　zǐ yuē　wū hū
能救与？"对曰："不能。"子曰："呜呼！

céng wèi tài shān bù rú lín fàng hū
曾谓泰山不如林放乎？"

译　季氏要去泰山举行旅祭。孔子对冉有说："你难道不能阻止吗？"冉有回答说："不能。"孔子叹息说："唉！难道说泰山这样的大神，还不如林放懂礼吗？（居然接受这样的祭祀）。"

七

zǐ yuē　jūn zǐ wú suǒ zhēng　bì yě shè hū　yī
子曰："君子无所争。必也射乎！揖

ràng ér shēng　xià ér yǐn　qí zhēng yě jūn zǐ
让而升，下而饮。其争也君子。"

译　孔子说："作为君子，是不去争什么的。如果一定要说有所争的话，那一定是射箭比赛吧！（射箭的时候），相互拱手作揖，然后登堂；（射完箭后），走下堂来，然后对饮。这样的争，也是君子之争。"

八

zǐ xià wèn yuē qiǎo xiào qiàn xī měi mù pàn xī
子夏问曰：“‘巧笑倩兮，美目盼兮，
sù yǐ wéi xuàn xī hé wèi yě zǐ yuē huì shì hòu
素以为绚兮。’何谓也？”子曰：“绘事后
sù yuē lǐ hòu hū zǐ yuē qǐ yú zhě shāng
素。”曰：“礼后乎？”子曰：“起予者商
yě shǐ kě yǔ yán shī yǐ yǐ
也！始可与言《诗》已矣。”

译 子夏问孔子：“‘脸上酒涡微露，笑得真美呀，美丽的眼睛左顾右盼，洁白的底子上，画着漂亮的花卉呀。’(《诗经》中的)这几句诗，是什么意思呢？”孔子说：“你看画画，不也是先有白色的底子，然后再画呀。”子夏说：“这样看来，是不是可以说，礼是后起的事呢？”孔子说：“卜商(子夏)呀，你就是能启发我的人。现在，我可以和你一起讨论《诗经》了。”

九

zǐ yuē xià lǐ wú néng yán zhī qǐ bù zú zhēng
子曰：“夏礼，吾能言之，杞不足征
yě yīn lǐ wú néng yán zhī sòng bù zú zhēng yě wén
也；殷礼，吾能言之，宋不足征也。文
xiàn bù zú gù yě zú zé wú néng zhēng zhī yǐ
献不足故也。足，则吾能征之矣。”

译 孔子说：“夏代的礼，我能描述它，可惜的是，它的后代杞国，不能为我证明；殷代的礼，我能描述它，可惜的是，它的后代宋国，不能为我证明。这是因为这两个国家，历史文献与贤能的人都不够。如果这些都足够，我就能引以为证了。”

十

zǐ yuē dì zì jì guàn ér wǎng zhě wú bù yù guān zhī yǐ

子曰：“禘自既灌而往者，吾不欲观之矣。”

译 孔子说：“禘祭这种礼仪，从第一次献酒以后，我就不想看了。”

十一

huò wèn dì zhī shuō zǐ yuē bù zhī yě zhī qí shuō zhě zhī yú tiān xià yě qí rú shì zhū sī hū zhǐ qí zhǎng

或问禘之说。子曰：“不知也；知其说者之于天下也，其如示诸斯乎！”指其掌。

译 有人向孔子请教关于禘祭的说法。孔子说：“我不知道呀；如果有知道的人，他治理天下，好像把东西放在这里一样容易。”一边说，一边指着自己的手掌。

十二

jì rú zài, jì shén rú shén zài. zǐ yuē: "wú bù yù jì, rú bù jì."

祭如在，祭神如神在。子曰：“吾不与祭，如不祭。”

译 在祭祀祖先的时候，孔子一定会认为，祖先就真在那里(以表示虔诚)。孔子说：“我要是不能亲自参加祭祀，决不会请别人代替的。”

十三

wáng sūn jiǎ wèn yuē: "yǔ qí mèi yú ào, nìng mèi yú zào, hé wèi yě?" zǐ yuē: "bù rán; huò zuì yú tiān, wú suǒ dǎo yě."

王孙贾问曰：“与其媚于奥，宁媚于灶，何谓也？”子曰：“不然；获罪于天，无所祷也。”

译 王孙贾问孔子：“‘与其巴结房屋里西南角的神，宁可巴结灶神’，这说的是什么意思呢？”孔子回答说：“不对呀，要是得罪了上天，对谁祈祷也不管用。”

十四

zǐ yuē zhōu jiàn yú èr dài, yù yù hū wén zāi! wú cóng zhōu

子曰："周监于二代，郁郁乎文哉！吾从周。"

译 孔子说："周朝制定的礼仪制度，是以夏代和商代为依据的，真是蔚为大观呀，我主张遵从周朝的礼仪。"

十五

zǐ rù tài miào, měi shì wèn. huò yuē: shú wèi zōu rén zhī zǐ zhī lǐ hū? rù tài miào, měi shì wèn. zǐ wén zhī, yuē: shì lǐ yě.

子入太庙，每事问。或曰："孰谓鄹人之子知礼乎？入太庙，每事问。"子闻之，曰："是礼也。"

译 孔子到了太庙，遇到每件事，都要问一下。有人说："谁说叔梁纥的儿子懂礼呢？到了太庙，每件事都要问。"孔子听到这话后，说："这就是礼呀。"

十六

zǐ yuē: shè bù zhǔ pí, wèi lì bù tóng kē, gǔ zhī dào yě.

子曰："射不主皮，为力不同科，古之道也。"

译 孔子说："比赛射箭，不一定都要射穿箭靶子，这是因为，每个人的力气不一样，古时候就是这么规定的。"

十七

zǐ gòng yù qù gào shuò zhī xì yáng zǐ yuē cì
子贡欲去告朔之饩羊。子曰：“赐
yě ěr ài qí yáng wǒ ài qí lǐ
也！尔爱其羊，我爱其礼。”

译 子贡想省用一头活羊，这头羊是鲁国每月初一用来祭祀祖庙的。孔子说：“赐（子贡）呀，你爱惜的是一头羊，我爱惜的是礼仪。”

十八

zǐ yuē shì jūn jìn lǐ rén yǐ wéi chǎn yě
子曰：“事君尽礼，人以为谄也。”

译 孔子说：“一切按照做臣子的礼仪规范对待君主，别人反而认为这是在巴结君主。”

十九

dìng gōng wèn jūn shǐ chén chén shì jūn rú zhī
定公问：“君使臣，臣事君，如之
hé kǒng zǐ duì yuē jūn shǐ chén yǐ lǐ chén shì jūn
何？”孔子对曰：“君使臣以礼，臣事君
yǐ zhōng
以忠。”

译 鲁定公问孔子：“君主应如何使用臣子，臣子应该如何服事君主？”孔子回答说：“君主应该按照礼来使用臣子，臣子应该用忠心服事君主。”

二十

zǐ yuē guān jū lè ér bù yín āi ér bù shāng
子曰：“《关雎》，乐而不淫，哀而不伤。”

译　孔子说：“《关雎》这首诗，很快乐，但不过度，有些悲伤，但不痛苦。”

二十一

āi gōng wèn shè yú zǎi wǒ zǎi wǒ duì yuē xià hòu shì yǐ sōng yīn rén yǐ bǎi zhōu rén yǐ lì yuē shǐ mín zhàn lì zǐ wén zhī yuē chéng shì bù shuō suì shì bù jiàn jì wǎng bù jiù
哀公问社于宰我。宰我对曰：“夏后氏以松，殷人以柏，周人以栗，曰，使民战栗。”子闻之，曰：“成事不说，遂事不谏，既往不咎。”

译　鲁哀公问孔子的学生宰我，做社主用什么木材。宰我回答说：“夏代用的是松木，殷代用的是柏木，周代用的是栗木，说是要使老百姓战战栗栗。”孔子听到了这话后说：“事情已经做了，就不要再解释，事情已经执行了，就不要再劝谏，事情已经过去了，就不要再追究。”

二十二

zǐ yuē guǎnzhòng zhī qì xiǎo zāi
子曰："管仲之器小哉！"

huò yuē guǎnzhòng jiǎn hū yuē guǎn shì yǒu sān
或曰："管仲俭乎？"曰："管氏有三

guī guān shì bù shè yān dé jiǎn
归，官事不摄，焉得俭？"

rán zé guǎnzhòng zhī lǐ hū yuē bāng jūn shù sè
"然则管仲知礼乎？"曰："邦君树塞

mén guǎn shì yì shù sè mén bāng jūn wèi liǎng jūn zhī hǎo
门，管氏亦树塞门。邦君为两君之好，

yǒu fǎn diàn guǎn shì yì yǒu fǎn diàn guǎn shì ér zhī lǐ
有反坫，管氏亦有反坫。管氏而知礼，

shú bù zhī lǐ
孰不知礼？"

译 孔子说："管仲的器量小得很呀！"

有人就问："管仲是不是很节俭呢？"孔子说："管仲有三处采邑，手下的人没有一个兼职做事，怎么能说是节俭呢？"

那人又问："管仲懂礼吗？"孔子说："国君在自己的大门外，立了一个照壁，管仲也给自己立了一个；国君宴请他国君主，在堂上安置了放酒杯的设施，管仲也安置这样的设施。管仲要是懂礼，还有谁不懂礼的呢？"

二十三

zǐ yù lǔ tài shī yuè, yuē: yuè qí kě zhī yě:
子语鲁大师乐，曰：“乐其可知也：
shǐ zuò, xī rú yě; zòng zhī, chún rú yě, jiǎo rú yě,
始作，翕如也；从之，纯如也，皦如也，
yì rú yě, yǐ chéng.
绎如也，以成。”

译 孔子给鲁国的太师讲解音乐的道理，说：“音乐的道理，是可以掌握的：刚开始演奏，热烈奔放；接下来，纯净和谐，明快清晰，绵绵不绝，然后结束。”

二十四

yí fēng rén qǐng xiàn, yuē: jūn zǐ zhī zhì yú sī
仪封人请见，曰：“君子之至于斯
yě, wú wèi cháng bù dé jiàn yě. cóng zhě xiàn zhī. chū
也，吾未尝不得见也。”从者见之。出
yuē: èr sān zǐ hé huàn yú sàng hū? tiān xià zhī wú dào yě
曰：“二三子何患于丧乎？天下之无道也
jiǔ yǐ, tiān jiāng yǐ fū zǐ wéi mù duó.
久矣，天将以夫子为木铎。”

译 驻守仪这个地方的边防官，请求孔子接见他，说：“凡是到了仪这个地方的君子，我没有不见面的。”孔子的弟子带领他去见孔子。拜见之后出来，他对孔子的学生说：“你们这些人，用得着担心国家丧亡吗？天下黑暗，已经很久了，上天会让你们的老师，来做人民的导师、引路人呢！”

二十五

zǐ wèi sháo jìn měi yǐ yòu jìn shàn yě
子谓《韶》："尽美矣，又尽善也。"
wèi wǔ jìn měi yǐ wèi jìn shàn yě
谓《武》："尽美矣，未尽善也。"

译 孔子评价《韶》这乐曲，说："美极了，好极了！"评价《武》这乐曲，说："非常美，但还不够好。"

二十六

zǐ yuē jū shàng bù kuān wéi lǐ bù jìng lín sāng
子曰："居上不宽，为礼不敬，临丧
bù āi wú hé yǐ guān zhī zāi
不哀，吾何以观之哉？"

译 孔子说："身居高位，为人却不宽厚，参与礼仪活动时，不庄敬，参加丧礼时，不悲哀，对这种人，我还拿什么来观察他呢？"

读后感

节俭，是一种好习惯

《论语》“八佾篇”中，我对孔子评价管仲的一句话，印象特别深刻。

有人问孔子：“管仲是个节俭的人吗？”孔子回答说：“管氏有三归，官事不摄，焉得俭？”孔子的意思很明显，管仲不是个节俭的人。

我们要养成节俭的习惯，做一个节俭的人。

《论语》中讲到的另一个人，就是个很节俭的人，这个人叫季文子。季文子的爷爷、爸爸都是宰相，他自己的官位也很高，但季文子特别节俭，除了上朝穿的衣服好一点，其余的衣服都是破破烂烂的。而且，季文子要求家里的人，也不能奢侈。有人曾对季文子说：“你当这么大的官，为什么还这么节俭呢？”季文子说：“我也想穿得好、住得好啊。可是，你看看老百姓，生活这么苦，甚至连饭都吃不上，我能不节俭吗？”

现在，我们的生活富裕了，吃喝不愁，但节俭的习惯不能丢。我有的时候，也会犯这种错误，比如，馒头吃不完，随便就丢弃掉，真的不应该！“一粥一饭，当思来处不易”，一粒粮食，从播种到收获，不知道要流多少滴汗，浪费粮食，不就是浪费良心吗？

里仁篇第四

二十六则

•导读•

在"里仁篇"中，孔子重点谈到了"仁""义"这些关键词，是孔子思想的重要组成部分。

第一章，"里仁为美"，讲到了要选择有仁人、有仁爱的地方居住。这很容易让我们想起孟母三迁的故事。孟子的母亲，先是带着孟子居住在墓地旁，孟子便学人家怎么办丧事。孟母将家搬到一座市场旁边，这下好了，孟子学人家屠夫怎么杀猪。最后，孟母带着孟子住到一所学校旁，孟子才开始学习文化和礼仪，最终成为一个有成就的人。

所以，孔子说："择不处仁，焉得知？"不知道选择好的地方居住，算不上聪明。

《论语》中的每一句话，不同的人，都可能有不同的理解。钱锺书先生是国学大师，对"里仁篇"中的某些话的理解，就与众不同，很有趣。比如，对"父母之年，不可不知也。一则以喜，一则以惧"这句话的理解，钱先生认为是看见父母健康长寿，所以欢喜，看见父母又在一天天变老，所以害怕忧虑。更有意思的是，钱先生晚年时，拒绝别人为他过生日，他引用了宋代诗人范成大《丙午新正书怀》这首诗中的诗句来说明理由："人情旧雨非今雨，老境增年是减年。"钱先生认为，年龄大一岁，人就少一岁，大一岁，应该庆贺，少一岁，又应该悲伤，一喜一悲，就相互抵消了，正好可以不庆祝生日了。

钱先生是不是把《论语》中的话，也用来解释自己年龄的增大呢？

一

zǐ yuē lǐ rén wéi měi zé bù chǔ rén yān dé

子曰："里仁为美。择不处仁，焉得

zhì

知？"

译 孔子说："选择住处，要选择有仁德的好地方。如果选择住处，不讲究仁德这样的要求，怎么算得上是聪明呢？"

二

zǐ yuē bù rén zhě bù kě yǐ jiǔ chǔ yuē bù kě

子曰："不仁者不可以久处约，不可

yǐ cháng chǔ lè rén zhě ān rén zhì zhě lì rén

以长处乐。仁者安仁，知者利仁。"

译 孔子说："不具备'仁'的人，不可能长期承受穷困，也不可能长期享受快乐。有仁德的人，内心安于仁；聪明的人，知道如何利用仁来完善自己。"

三

zǐ yuē wéi rén zhě néng hào rén néng wù rén

子曰："唯仁者能好人，能恶人。"

译 孔子说："只有那些有仁德的人，才能够做到真正喜爱某个人，真正厌恶某个人。"

四

zǐ yuē gǒu zhì yú rén yǐ wú è yě
子曰："苟志于仁矣，无恶也。"

译 孔子说："如果某个人真正追求仁德，那他最终会没有大恶。"

五

zǐ yuē fù yǔ guì shì rén zhī suǒ yù yě bù
子曰："富与贵，是人之所欲也；不
yǐ qí dào dé zhī bù chǔ yě pín yǔ jiàn shì rén zhī
以其道得之，不处也。贫与贱，是人之
suǒ wù yě bù yǐ qí dào dé zhī bù qù yě jūn zǐ
所恶也；不以其道得之，不去也。君子
qù rén wū hū chéngmíng jūn zǐ wú zhōng shí zhī jiān wéi rén
去仁，恶乎成名？君子无终食之间违仁，
zào cì bì yú shì diān pèi bì yú shì
造次必于是，颠沛必于是。"

译 孔子说："财富、高贵的地位，人人都希望拥有，但如果获得的方法不正当，君子是不会接受的。贫穷、低贱的地位，人人都厌恶；如果不采用正当的方法，君子不会摆脱这种贫困。君子抛弃了仁德，还拿什么去成就他的好名声呢？君子哪怕是一顿饭的工夫，都不会离开仁德，匆匆忙忙时与仁德同在，颠沛流离时也一定与仁德同在。"

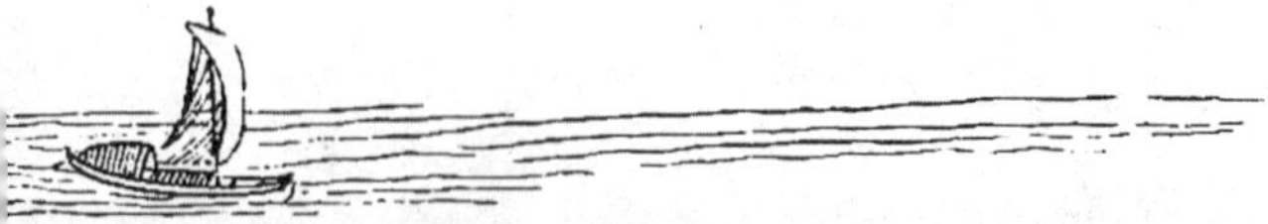

六

zǐ yuē wǒ wèi jiàn hào rén zhě wù bù rén zhě
子曰：“我未见好仁者，恶不仁者。
hào rén zhě wú yǐ shàng zhī wù bù rén zhě qí wéi rén
好仁者，无以尚之；恶不仁者，其为仁
yǐ bù shǐ bù rén zhě jiā hū qí shēn yǒu néng yī rì yòng
矣，不使不仁者加乎其身。有能一日用
qí lì yú rén yǐ hū wǒ wèi jiàn lì bù zú zhě gài yǒu
其力于仁矣乎？我未见力不足者。盖有
zhī yǐ wǒ wèi zhī jiàn yě
之矣，我未之见也。”

译　孔子说：“我没有见过爱好仁德的人，以及讨厌不仁德的人。爱好仁德，那当然是再好不过了；讨厌不仁德的人，他施行仁德，只是想使不仁德的东西不加在自己身上。有谁肯花一天的力量用在仁德上呢？我没见过力量不够的。但这样的人可能有，只是我没见到过。”

七

zǐ yuē rén zhī guò yě gè yú qí dǎng guān
子曰：“人之过也，各于其党。观
guò sī zhī rén yǐ
过，斯知仁矣。”

译　孔子说：“人各不相同，错误也多种多样，有什么样的人，就会有什么样的错误。仔细观察某些错误，就能知道犯错的人是否有仁德了。”

八

zǐ yuē zhāo wén dào xī sǐ kě yǐ
子曰："朝闻道，夕死可矣。"

译 孔子说："人要是早晨懂得了真理，就是晚上死去，也没什么不可以。"

九

zǐ yuē shì zhì yú dào ér chǐ è yī è shí
子曰："士志于道，而耻恶衣恶食
zhě wèi zú yǔ yì yě
者，未足与议也。"

译 孔子说："作为士，有志于探求真理，但又以吃得不好、穿得不好为耻辱，这种人就不值得同他商议了。"

十

zǐ yuē jūn zǐ zhī yú tiān xià yě wú shì yě
子曰："君子之于天下也，无适也，
wú mò yě yì zhī yǔ bì
无莫也，义之与比。"

译 孔子说："君子对于天下的事情，没有一定要赞成的，也没有一定要反对的，符合道义就行。"

十一

zǐ yuē jūn zǐ huái dé xiǎo rén huái tǔ jūn zǐ
子曰：“君子怀德，小人怀土；君子

huái xíng xiǎo rén huái huì
怀刑，小人怀惠。”

译　孔子说：“君子经常惦记的，是仁德，小人经常惦记的，是土地；君子关心的，是法度，小人关心的，是小恩小惠。”

十二

zǐ yuē fǎng yú lì ér xíng duō yuàn
子曰：“放于利而行，多怨。”

译　孔子说：“只根据个人的利益行事，必定会招来很多怨恨。”

十三

zǐ yuē néng yǐ lǐ ràng wéi guó hū hé yǒu bù
子曰：“能以礼让为国乎？何有？不

néng yǐ lǐ ràng wéi guó rú lǐ hé
能以礼让为国，如礼何？”

译　孔子说：“能以礼让这种方式，来治理国家吗？这又有何困难？不能用礼让这种方式，来治理国家，又能拿礼怎么办呢？”

十四

zǐ yuē bù huàn wú wèi huàn suǒ yǐ lì bù huàn
子曰："不患无位，患所以立。不患
mò jǐ zhī qiú wéi kě zhī yě
莫己知，求为可知也。"

译 孔子说："不愁没有职位，只愁没有真本领；不怕别人不知道自己，应该追求的倒是，使别人知道自己的真本领有哪些。"

十五

zǐ yuē shēn hū wú dào yī yǐ guàn zhī zēng zǐ
子曰："参乎！吾道一以贯之。"曾子
yuē wéi zǐ chū mén rén wèn yuē hé wèi yě
曰："唯。"子出，门人问曰："何谓也？"
zēng zǐ yuē fū zǐ zhī dào zhōng shù ér yǐ yǐ
曾子曰："夫子之道，忠恕而已矣。"

译 孔子说："参（曾子）呀！我的学说，有一根主线贯穿着。"曾子说："是的。"孔子出去后，其他学生问曾子："刚才老师这话是什么意思呀？"曾子说："老师的学说，用'忠''恕'两个字就能概括。"

十六

zǐ yuē jūn zǐ yù yú yì xiǎo rén yù yú lì
子曰："君子喻于义，小人喻于利。"

译 孔子说："君子明白什么是义，小人只明白什么是利益。"

十七

zǐ yuē jiàn xián sī qí yān, jiàn bù xián ér nèi zì xǐng yě
子曰："见贤思齐焉，见不贤而内自省也。"

译 孔子说："看见贤能的人，便想到向他们看齐；看见不贤能的人，便反省自己，（有没有与他们相同的缺点）。"

十八

zǐ yuē shì fù mǔ jī jiàn, jiàn zhì bù cóng, yòu jìng bù wéi, láo ér bù yuàn
子曰："事父母几谏，见志不从，又敬不违，劳而不怨。"

译 孔子说："侍奉父母，当他们有做得不对的时候，应该委婉地劝阻，如果自己的心意没有被听从，也应该恭恭敬敬，不冒犯父母，虽然这样有些劳苦，但并不怨恨父母。"

十九

zǐ yuē fù mǔ zài, bù yuǎn yóu, yóu bì yǒu fāng
子曰："父母在，不远游，游必有方。"

译 孔子说："父母亲还在世，就不能远行。如果一定要出远门，也必须有确定的地方。"

二十

zǐ yuē sān nián wú gǎi yú fù zhī dào, kě wèi xiào yǐ

子曰：“三年无改于父之道，可谓孝矣。”

译 孔子说：“如果做儿子的，在很长时间内，都不会轻易改变父亲的有益做法，这样就可以说是孝顺了。”

二十一

zǐ yuē fù mǔ zhī nián, bù kě bù zhī yě. yī zé yǐ xǐ, yī zé yǐ jù

子曰：“父母之年，不可不知也。一则以喜，一则以惧。”

译 孔子说：“父母亲的年龄，不能不时时记在心里。一方面，是为他们高寿而高兴，另一方面，又为他们高寿而担忧(父母亲随时可能去世)。”

二十二

zǐ yuē gǔ zhě yán zhī bù chū, chǐ gōng zhī bù dài yě

子曰：“古者言之不出，耻躬之不逮也。”

译 孔子说：“古人不随便出言，就是怕自己的行动，赶不上自己说过的话，这是令人羞耻的事。”

二十三

子曰："以约失之者鲜矣。"

译 孔子说："能严格要求而犯错误的，这种情况很少。"

二十四

子曰："君子欲讷于言而敏于行。"

译 孔子说："君子说话要谨慎，但是做事情时行动要敏捷。"

二十五

子曰："德不孤，必有邻。"

译 孔子说："有高尚道德的人，永远不会孤单，一定会有同道中人为伴。"

二十六

子游曰："事君数，斯辱矣；朋友数，斯疏矣。"

译 子游说："对待君主，过于烦琐，会给自己带来侮辱；对待朋友，过于烦琐，朋友就会疏远自己。"

读后感

我的座右铭：见贤思齐

读“里仁篇”时，我觉得“见贤思齐”这四个字，特别适合作为座右铭。

在“里仁篇”中，这句话完整的说法是：“见贤思齐焉，见不贤而内自省也。”这句话的意思是说，只要别人有优点，就向他们学习，看到别人的缺点，也会自我反省，不犯同样的错误。

学习别人的长处，能提高自己，使自己变得更好。我的同桌叫方海宸，他有一个非常好的学习习惯，就是踏实，一步一个脚印，学好每一个知识点。我与他正好相反，有一点浮躁，有时候静不下去，所以，总会犯粗心的错误。这个学期，我学习了方海宸的长处，努力改正自己不踏实的缺点，粗心犯错就少多了。

不知道学习别人的长处，就不能使自己进步。我在读《史记》时，读到了这样一则故事，说的是汉高祖刘邦的儿子汉惠帝，不知道学习他爸爸的长处，非常软弱，只做了几年有名无实的皇帝，就去世了。这真的是很悲哀！

“见贤思齐”这四个字，我会时时记在心里，鼓励自己，不断进步。

公冶长篇第五

二十八则

导读

在“公冶长篇”中，孔子评价了很多人，包括自己的学生，如子贡，也包括其他人。之中的很多人，很有趣。

如非常著名的晏子。

晏子，就是晏婴，为齐国宰相。晏婴非常廉洁，当时的国君叫齐景公，看见晏子住的房子，实在是太简陋了，想给他换一套豪华的房子，但是，晏子说什么也不答应。齐景公没办法，就想了个招，让晏子到其他地方办事，趁晏子不在的这段时间内，将与晏子住在一起的邻居，都搬迁走，用这块地，给晏子盖了一座豪宅。晏子回来后，死活不住这座房子，而且，要求齐景公将街坊邻居都请回来，房子恢复原来的样子，他才肯回家。最终，齐景公实在拗不过晏婴，只能照他的意思，修了个破房子还给他。

晏子出使楚国的故事，最广为人知。晏子长得很矮，楚国的官员想取笑他，想让晏子从狗洞里进出。晏子机智地说：“只有出使‘狗国’，才走狗洞，难道楚国是‘狗国’吗？”负责接待晏子的人，只能让晏子走大门。

学习“公冶长篇”，应该学会查找资料，将孔子说到的这些人的故事，找来读一读，会更能理解孔子对这些人的评价，也更能记住这一篇的内容。

一

zǐ wèi gōng yě cháng, kě qì yě. suī zài léi xiè zhī zhōng, fēi qí zuì yě. yǐ qí zǐ qì zhī.

子谓公冶长，“可妻也。虽在缧绁之中，非其罪也。”以其子妻之。

译 孔子曾这样评价公冶长：“可以把女儿嫁给他。虽然他曾经被关进监狱，但这不是他的罪过。”孔子把自己的女儿嫁给了公冶长。

二

zǐ wèi nán róng: bāng yǒu dào, bù fèi; bāng wú dào, miǎn yú xíng lù. yǐ qí xiōng zhī zǐ qì zhī.

子谓南容：“邦有道，不废；邦无道，免于刑戮。”以其兄之子妻之。

译 孔子曾这样评价南容：“要是国家政治清明，他不会被废弃；国家政治黑暗，他也不至于被处以刑罚。”孔子把自己的侄女嫁给了南容。

三

zǐ wèi zǐ jiàn: jūn zǐ zāi ruò rén! lǔ wú jūn zǐ zhě, sī yān qǔ sī?

子谓子贱：“君子哉若人！鲁无君子者，斯焉取斯？”

译 孔子曾这样评价子贱：“子贱这人呀，真是个君子！如果不是鲁国君子多，他从哪里学到这么多好品德呢？”

四

zǐ gòng wèn yuē cì yě hé rú zǐ yuē rǔ
子贡问曰："赐也何如？"子曰："女，
qì yě yuē hé qì yě yuē hú liǎn yě
器也。"曰："何器也？"曰："瑚琏也。"

译 子贡问孔子："老师认为我是一个怎样的人？"孔子说："你就好像是一个器皿。"子贡接着问："是什么器皿呢？"孔子说："是瑚琏（宗庙里用来盛粮食的尊贵器皿）。"

五

huò yuē yōng yě rén ér bù nìng zǐ yuē yān
或曰："雍也仁而不佞。"子曰："焉
yòng nìng yù rén yǐ kǒu jǐ lǚ zēng yú rén bù zhī qí
用佞？御人以口给，屡憎于人。不知其
rén yān yòng nìng
仁，焉用佞？"

译 有人说："冉雍（仲弓）这个人，虽然有仁德，但是口才不好。"孔子说："为什么一定要口才好呢？伶牙利齿，与人争辩，这种人最易被人讨厌。冉雍有没有仁德，我不知道，但为什么一定要口才好呢？"

六

zǐ shǐ qī diāo kāi shì duì yuē wú sī zhī wèi néng
子使漆雕开仕。对曰："吾斯之未能

xìn zǐ yuè
信。"子说。

㊟ 孔子告诉自己的学生漆雕开，他可以去做官了。漆雕开说："对做官我还没有信心。"孔子听了很高兴。

七

zǐ yuē dào bù xíng chéng fú fú yú hǎi cóng wǒ
子曰："道不行，乘桴浮于海。从我

zhě qí yóu yú zǐ lù wén zhī xǐ zǐ yuē yóu
者，其由与？"子路闻之喜。子曰："由

yě hào yǒng guò wǒ wú suǒ qǔ cái
也好勇过我，无所取材。"

㊟ 孔子说："国家不能采用我治理国家的主张，我就坐上小木筏，流浪到海外。这个时候，能与我同行的，恐怕只有仲由吧！"子路听到了孔子的这句话，高兴得不得了。孔子又说："仲由这个人，勇敢超过了我，可惜的是，没地方弄做木筏的木材呀！"

八

mèng wǔ bó wèn zǐ lù rén hū? zǐ yuē: "bù zhī
孟武伯问子路仁乎？子曰："不知
yě." yòu wèn. zǐ yuē: "yóu yě, qiān shèng zhī guó,
也。"又问。子曰："由也，千乘之国，
kě shǐ zhì qí fù yě, bù zhī qí rén yě."
可使治其赋也，不知其仁也。"

"qiú yě hé rú?" zǐ yuē: "qiú yě, qiān shì zhī
"求也何如？"子曰："求也，千室之
yì, bǎi shèng zhī jiā, kě shǐ wéi zhī zǎi yě, bù zhī qí
邑，百乘之家，可使为之宰也，不知其
rén yě."
仁也。"

"chì yě hé rú?" zǐ yuē: "chì yě, shù dài lì
"赤也何如？"子曰："赤也，束带立
yú cháo, kě shǐ yǔ bīn kè yán yě, bù zhī qí rén yě."
于朝，可使与宾客言也，不知其仁也。"

译 孟武伯问孔子，子路是不是有仁德的人。孔子说："我不知道呀。"孟武伯又问这个问题。孔子说："仲由这个人吧，一个有一千辆兵车的国家，可以让他负责军事方面的工作。至于他是不是个有仁德的人，我就不知道了。"

孟武伯接着问："冉求（冉有）这个人怎么样呢？"孔子说："冉求这个人吧，有一千户人家的私邑，或者一百辆兵车的大家，可以让他当长官。至于他是不是个有仁德的人，我也不知道。"

孟武伯又问："那公西赤这个人怎么样呢？"孔子说："公西赤这个人吧，可以让他穿着庄重的礼服，站在朝廷上，接待外宾。至于他是不是个有仁德的人，我也不知道。"

九

子谓子贡曰："女与回也孰愈？"对曰："赐也何敢望回？回也闻一以知十，赐也闻一以知二。"子曰："弗如也；吾与女弗如也。"

译　孔子对子贡说："你和颜回，你认为哪一个更优秀？"子贡回答说："我怎么能跟颜回相比呀？他知道一件事，触类旁通，可以知道十件事，而我呢，知道一件事，只能推知两件事。"孔子说："你赶不上他，我和你都赶不上他。"

十

宰予昼寝。子曰："朽木不可雕也；粪土之墙不可杇也；于予与何诛？"子曰："始吾于人也，听其言而信其行；今吾于人也，听其言而观其行。于予与改是。"

译　宰予白天睡大觉。孔子说："腐烂的木头，雕刻不出美丽的花纹；肮脏的墙，也不能再粉刷得漂亮；对于宰予这个人，还值得责备吗？"孔子又说："最初，我对某个人，听到他说的话，便相信他的行为；现在，我的做法是，听到他说的话，就要观察他的行为。我态度的改变，是因为宰予这件事。"

十一

zǐ yuē wú wèi jiàn gāng zhě huò duì yuē shēn
子曰："吾未见刚者。"或对曰："申

chéng zǐ yuē chéng yě yù yān dé gāng
枨。"子曰："枨也欲，焉得刚？"

译　孔子说："我没见过刚毅的人。"有人回答道："申枨是这样的人呀。"孔子说："申枨这个人，欲望太多，哪里能算是刚毅的人？"

十二

zǐ gòng yuē wǒ bù yù rén zhī jiā zhū wǒ yě wú
子贡曰："我不欲人之加诸我也，吾

yì yù wú jiā zhū rén zǐ yuē cì yě fēi ěr suǒ
亦欲无加诸人。"子曰："赐也，非尔所

jí yě
及也。"

译　子贡说："我不想别人欺负我，我也不会想欺负别人。"孔子说："赐呀！这不是你能做到的呀！"

十三

zǐ gòng yuē fū zǐ zhī wén zhāng kě dé ér wén

子贡曰："夫子之文章，可得而闻

yě fū zǐ zhī yán xìng yǔ tiān dào bù kě dé ér wén yě

也；夫子之言性与天道，不可得而闻也。"

译　子贡说："老师所讲的文献方面的学问，我们还能知道；老师讲天性和天道的知识，我们就无法知道了。"

十四

zǐ lù yǒu wén wèi zhī néng xíng wéi kǒng yòu wén

子路有闻，未之能行，唯恐有闻。

译　子路听到一种道理，如果还没去践行，就怕再听到另一种道理。

十五

zǐ gòng wèn yuē kǒng wén zǐ hé yǐ wèi zhī wén

子贡问曰："孔文子何以谓之'文'

yě zǐ yuē mǐn ér hào xué bù chǐ xià wèn shì

也？"子曰："敏而好学，不耻下问，是

yǐ wèi zhī wén yě

以谓之'文'也。"

译　子贡问孔子："孔文子的谥号为什么是'文'呢？"孔子说："孔文子这个人，聪敏，又好学，谦虚，不以向地位低的人请教为耻，所以用'文'做他的谥号。"

十六

zǐ wèi zǐ chǎn yǒu jūn zǐ zhī dào sì yān qí xíng
子谓子产：“有君子之道四焉：其行
jǐ yě gōng qí shì shàng yě jìng qí yǎng mín yě huì qí
己也恭，其事上也敬，其养民也惠，其
shǐ mín yě yì
使民也义。”

译 孔子是这样评价子产的：“他有四种君子才具有的行为：他行为庄重恭敬，对待君主尊敬有礼，他给人民以恩惠，让老百姓服劳役时做到适宜、有节制。”

十七

zǐ yuē yàn píng zhòng shàn yǔ rén jiāo jiǔ ér jìng zhī
子曰：“晏平仲善与人交，久而敬之。”

译 孔子说：“齐国的晏平仲（晏婴），善于和别人交朋友，他和别人相交越久，别人就越尊敬他。”

十八

zǐ yuē zāng wén zhòng jū cài shān jié zǎo zhuō hé
子曰：“臧文仲居蔡，山节藻棁，何
rú qí zhì yě
如其知也？”

译 孔子说：“臧文仲养了一只大乌龟，并且给乌龟做了一间房子，房子柱头的斗栱上刻着山水图案，梁的短柱上画着藻草图案（只有天子的祖庙才装饰成这样），你说，这个人的智商怎么这样呢？”

十九

zǐ zhāng wèn yuē　líng yǐn zǐ wén sān shì wéi líng yǐn　wú
子张问曰："令尹子文三仕为令尹，无
xǐ sè　sān yǐ zhī　wú yùn sè　jiù líng yǐn zhī zhèng　bì
喜色；三已之，无愠色。旧令尹之政，必
yǐ gào xīn líng yǐn　hé rú　zǐ yuē　zhōng yǐ　yuē
以告新令尹。何如？"子曰："忠矣。"曰：
rén yǐ hū　yuē　wèi zhī　yān dé rén
"仁矣乎？"曰："未知。焉得仁？"

cuī zǐ shì qí jūn　chén wén zǐ yǒu mǎ shí shèng　qì
"崔子弑齐君。陈文子有马十乘，弃
ér wéi zhī　zhì yú tā bāng　zé yuē　yóu wú dà fū cuī
而违之。至于他邦，则曰：'犹吾大夫崔
zǐ yě　wéi zhī　zhī yī bāng　zé yòu yuē　yóu wú dà
子也。'违之。之一邦，则又曰：'犹吾大
fū cuī zǐ yě　wéi zhī　hé rú　zǐ yuē　qīng yǐ
夫崔子也。'违之。何如？"子曰："清矣。"
yuē　rén yǐ hū　yuē　wèi zhī　yān dé rén
曰："仁矣乎？"曰："未知。焉得仁？"

译 子张问孔子："楚国的令尹子文三次做令尹的官，没见他表现得多高兴；三次被免职，也没见他有怨怒的表情。每次被免职，一定把自己的政令，全部告诉新来的令尹。你觉得这个人怎么样？"孔子说："可以说是忠于国家了。"子张又问："这算仁吗？"孔子说："不知道。这怎么能算得上仁呢？"

子张又问孔子："崔杼这个人，杀掉了齐国的国君。当时，陈文子有四十匹马，都不要了，他离开齐国，到别的国家去。到另一个国家后，陈文子说：'这里的执政者，与我们国家的崔杼差不多。'便又离开了。又来到另一个国家，陈文子又说：'这里的执政者，与我们国家的崔杼差不多。'于是又离开了。您觉得这个人怎么样？"孔子说："可算是清白人。"子张又说："能算得上仁人吗？"孔子说道："不知道。这怎么能算得上仁呢？"

二十

jì wén zǐ sān sī ér hòu xíng zǐ wén zhī yuē
季文子三思而后行。子闻之，曰：
zài sī kě yǐ
“再，斯可矣。”

译 季文子做每件事，都要考虑多次才行动。孔子听了后说：“其实，思考两次就可以了。”

二十一

zǐ yuē nìng wǔ zǐ bāng yǒu dào zé zhì bāng
子曰：“宁武子，邦有道，则知；邦
wú dào zé yú qí zhì kě jí yě qí yú bù kě jí
无道，则愚。其知可及也，其愚不可及
yě
也。”

译 孔子说：“宁武子这个人，国家安定时，便聪明；国家动乱时，便装傻。他的聪明，别人可以赶上；他装傻，别人就赶不上了。”

二十二

zǐ zài chén yuē guī yú guī yú wú dǎng zhī
子在陈，曰：“归与！归与！吾党之
xiǎo zǐ kuáng jiǎn fěi rán chéngzhāng bù zhī suǒ yǐ cái zhī
小子狂简，斐然成章，不知所以裁之。”

译 孔子在陈国，说：“回去吧！回去吧！我家乡的那批年轻人，像织成的布匹一样，布满漂亮的图案，我还不知道怎样去裁剪呀！”

二十三

zǐ yuē bó yí shū qí bù niàn jiù è yuàn shì
子曰："伯夷、叔齐不念旧恶，怨是

yòng xī
用希。"

译　孔子说："伯夷、叔齐不记旧仇，所以内心怨恨少。"

二十四

zǐ yuē shú wèi wēi shēng gāo zhí huò qǐ xī yān
子曰："孰谓微生高直？或乞醯焉，

qǐ zhū qí lín ér yǔ zhī
乞诸其邻而与之。"

译　孔子说："谁说微生高这个人直爽啊？有人向他讨点醋，（他也不说自己没有）却到邻居那里借一点，再给别人。"

二十五

zǐ yuē qiǎo yán lìng sè zú gōng zuǒ qiū míng chǐ
子曰："巧言、令色、足恭，左丘明耻

zhī qiū yì chǐ zhī nì yuàn ér yǒu qí rén zuǒ qiū míng
之，丘亦耻之。匿怨而友其人，左丘明

chǐ zhī qiū yì chǐ zhī
耻之，丘亦耻之。"

译　孔子说："说好听的话，伪善的表情，一副恭敬的样子，左丘明认为这样可耻，我也认为可耻。心怀怨恨，表面上又同他友好，左丘明认为可耻，我也认为可耻。"

二十六

yán yuān jì lù shì zǐ yuē hé gè yán ěr zhì
颜渊季路侍。子曰：“盍各言尔志？”

zǐ lù yuē yuàn chē mǎ yì qīng qiú yǔ péng yǒu gòng bì zhī ér wú hàn
子路曰：“愿车马、衣轻裘与朋友共，敝之而无憾。”

yán yuān yuē yuàn wú fá shàn wú shī láo
颜渊曰：“愿无伐善，无施劳。”

zǐ lù yuē yuàn wén zǐ zhī zhì
子路曰：“愿闻子之志。”

zǐ yuē lǎo zhě ān zhī péng yǒu xìn zhī shào zhě huái zhī
子曰：“老者安之，朋友信之，少者怀之。”

㊟译 颜渊（颜回）、季路（子路）两人侍立在孔子身边。孔子说：“你们何不各说说自己的志向？”

子路说：“我希望把我的车马、衣服这样的东西，与朋友分享，即使用坏了，也不遗憾。”

颜渊说：“不夸耀自己的长处，也不劳烦他人。”

子路对孔子说：“我们也希望听到您的志向。”

孔子说：“我希望，老人，安逸；朋友，信任；年青人，怀念我。”

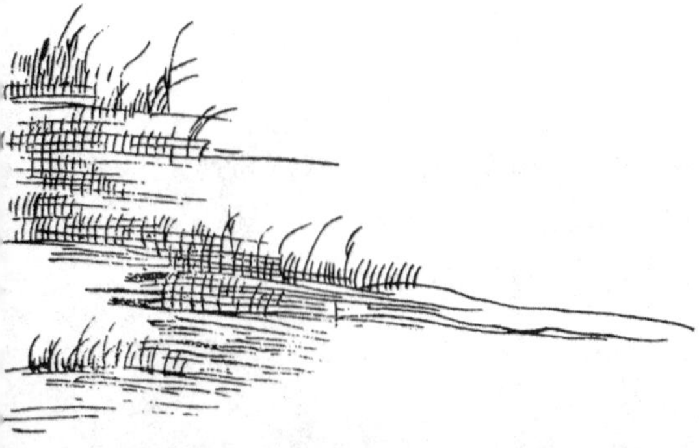

二十七

zǐ yuē yǐ yǐ hū wú wèi jiàn néng jiàn qí guò ér
子曰："已矣乎，吾未见能见其过而
nèi zì sòng zhě yě
内自讼者也。"

译　孔子说："算了吧，我还没有见过那种能发现自己的错误，并且自我责备的人。"

二十八

zǐ yuē shí shì zhī yì bì yǒu zhōng xìn rú qiū zhě
子曰："十室之邑，必有忠信如丘者
yān bù rú qiū zhī hào xué yě
焉，不如丘之好学也。"

译　孔子说："就是只有十户人家的小地方，也一定有像我这样忠诚、守信的人，但不一定能像我这样好学。"

读后感

学会正确认识自己

在“公冶长篇”中，我对下面这一则记忆最深：

子使漆雕开仕。对曰：“吾斯之未能信。”子说。

这句话的意思是，漆雕开不想去做官，是因为他觉得，自己的能力还不够，不能胜任。孔子听了很高兴，因为他认为漆雕开能正确认识自己。

我们应该向漆雕开学习，学会正确认识自己。

比如，正确认识自己的不足之处。我有一个非常熟悉的同学，叫付羽涵。她原来学习有些不主动，有点磨蹭。后来，她认识到了自己的不足，努力改正了这个缺点。现在，她和我一起读《史记》，你问其中的任何故事，她都能正确地回答。她自己都觉得进步好大！

不能正确认识自己，带来的可能是灾难。比如，秦始皇这个人，没有认识到自己是皇帝，就应该给老百姓带来幸福，所以，他杀害读书人，烧掉了很多书籍，压迫老百姓，结果，秦朝不到30年就灭亡了。

这样的例子，在历史上多得数不清，我们应该从中吸取教训。

正确认识自己，就是既要认识自己的长处，也要看到自己的不足和缺点，发挥长处，努力改掉缺点，我们一定能进步。

雍也篇第六

三十则

导读

“雍也篇”的主要内容，是记录孔子和他的学生的日常言行。

孔子特别喜欢自己的学生，教给他们知识，教会他们做人。孔子是一条大鱼，他的学生是一群小鱼，大鱼带着小鱼，快乐遨游。

不过，孔子也有“冤枉”学生的时候。

比如“雍也篇”里提到的澹台灭明这个人。澹台灭明，字子羽，他的外貌，天生很丑。孔子“以貌取人”，觉得澹台灭明实在长得太丑了，对他有点爱搭不理。澹台灭明尊敬老师，不仅没有埋怨孔子，最后还主动离开了孔子。但是，澹台灭明在离开孔子后，从来没有忘记老师的教诲，他将老师教给自己的知识，传授给其他人，培养了很多好学生。

又比如宰予这个学生，初次见孔子的时候，能言善辨，口才好，孔子很喜欢他。但是，时间长了，宰予的毛病就暴露出来了，狡猾，懒散，大白天睡大觉，孔子说他是“粪土之墙，不可朽也”。

孔子后来说：“吾以言语取人，失之宰予；以貌取人，失之子羽。”以貌取人，也使孔子栽了跟头，孔子也很后悔啊。

一

zǐ yuē yōng yě kě shǐ nán miàn
子曰：“雍也可使南面。”

译 孔子说：“冉雍这个人，有为一国之君的能力。”

二

zhòng gōng wèn zǐ sāng bó zǐ zǐ yuē kě yě
仲弓问子桑伯子。子曰：“可也，

jiǎn zhòng gōng yuē jū jìng ér xíng jiǎn yǐ lín qí mín
简。”仲弓曰：“居敬而行简，以临其民，

bù yì kě hū jū jiǎn ér xíng jiǎn wú nǎi tài jiǎn hū
不亦可乎？居简而行简，无乃大简乎？”

zǐ yuē yōng zhī yán rán
子曰：“雍之言然。”

译 仲弓请教孔子，子桑伯子是个什么样的人。孔子说：“这人不错，很简单。”仲弓说：“平时态度恭敬，行事简洁，这样来治理百姓，不也可以吗？如果平时态度散漫，又处事简单，这不就太简单了吗？”孔子说：“雍这话正确。”

三

哀公问：“弟子孰为好学？”孔子对曰：“有颜回者好学，不迁怒，不贰过。不幸短命死矣，今也则亡，未闻好学者也。”

译 鲁哀公问孔子：“你的学生中，谁最好学？”孔子回答说：“有一个叫颜回的学生，特别好学，受了委屈，从不拿别人出气，同样的错误，不会犯两次。不幸的是，年纪轻轻就去世了，现在，再也没有这样的学生了，也没听过谁好学。”

四

zǐ huá shǐ yú qí，rǎn zǐ wèi qí mǔ qǐng sù。zǐ yuē：“yǔ zhī fǔ。”

子华使于齐，冉子为其母请粟。子曰：“与之釜。”

qǐng yì。yuē：“yǔ zhī yǔ。”

请益。曰：“与之庾。”

rǎn zǐ yǔ zhī sù wǔ bǐng。

冉子与之粟五秉。

zǐ yuē：“chì zhī shì qí yě，chéng féi mǎ，yì qīng qiú。wú wén zhī yě：jūn zǐ zhōu jí bù jì fù。”

子曰：“赤之适齐也，乘肥马，衣轻裘。吾闻之也：君子周急不继富。”

译 公西华出使齐国后，冉有替公西华为他母亲向孔子请求发给小米。孔子说：“给她一釜吧。”

冉有请求再增加。孔子说：“再给她一庾吧。”

冉有却给了她五秉。

孔子说：“公西赤（公西华）出使齐国，坐着高头大马拉的车，穿着轻柔暖和的皮袍。我也听说过：君子只会雪中送炭，不去锦上添花。”

五

yuán sī wéi zhī zǎi，yǔ zhī sù jiǔ bǎi，cí。zǐ yuē：“wú！yǐ yǔ ěr lín lǐ xiāng dǎng hū！”

原思为之宰，与之粟九百，辞。子曰：“毋！以与尔邻里乡党乎！”

译 原思担任孔子家的总管，孔子给他小米九百斗，原思推辞不受。孔子说：“不要推辞呀，有多余的，就分发给你们村里的穷人吧！”

六

zǐ wèi zhònggōng yuē lí niú zhī zǐ xīng qiě jiǎo
子谓仲弓，曰：“犁牛之子骍且角，
suī yù wù yòng shānchuān qí shě zhū
虽欲勿用，山川其舍诸？”

译 孔子评价仲弓，说：“耕牛的儿子小耕牛，浑身长着赤色的毛，牛角整齐，人们虽然不想用它来当祭牛，但山川之神舍得放弃它吗？”

七

zǐ yuē huí yě qí xīn sān yuè bù wéi rén qí
子曰：“回也，其心三月不违仁，其
yú zé rì yuè zhì yān ér yǐ yǐ
余则日月至焉而已矣。”

译 孔子说：“颜回呀，他的心从不会长久地离开仁德，其他的学生，只是偶尔想起一下罢了。”

八

jì kāng zǐ wèn zhòng yóu kě shǐ cóngzhèng yě yú
季康子问："仲由可使从政也与？"

zǐ yuē yóu yě guǒ yú cóngzhèng hū hé yǒu
子曰："由也果，于从政乎何有？"

yuē cì yě kě shǐ cóngzhèng yě yú yuē cì
曰："赐也可使从政也与？"曰："赐

yě dá yú cóngzhèng hū hé yǒu
也达，于从政乎何有？"

yuē qiú yě kě shǐ cóngzhèng yě yú yuē qiú
曰："求也可使从政也与？"曰："求

yě yì yú cóngzhèng hū hé yǒu
也艺，于从政乎何有？"

译　季康子问孔子："仲由这个人，可以让他管理政事吗？"孔子说："仲由果敢坚决，他管理政事，有什么难的呢？"

季康子又问："端木赐这个人，可以让他管理政事吗？"孔子说："端木赐通情达理，他管理政事，有什么难的呢？"

季康子又问："冉求这个人，可以让他管理政事吗？"孔子道："冉求多才多艺，他管理政事，有什么难的呢？"

九

jì shì shǐ mǐn zǐ qiān wéi bì zǎi mǐn zǐ qiān yuē
季氏使闵子骞为费宰。闵子骞曰：
shàn wèi wǒ cí yān rú yǒu fù wǒ zhě zé wú bì zài wèn
“善为我辞焉！如有复我者，则吾必在汶
shàng yǐ
上矣。”

译 季氏想请闵子骞做他的采邑费地的长官。闵子骞对来者说：“请一定替我辞掉呀！要是再来找我，那我一定会逃到汶水那里去了。”

十

bó niú yǒu jí zǐ wèn zhī zì yǒu zhí qí shǒu
伯牛有疾，子问之，自牖执其手，
yuē wáng zhī mìng yǐ fú sī rén yě ér yǒu sī jí
曰：“亡之，命矣夫！斯人也而有斯疾
yě sī rén yě ér yǒu sī jí yě
也！斯人也而有斯疾也！”

译 伯牛生病了，孔子去看望他，孔子从窗户里握着伯牛的手，说：“这样的人都死了，真是命呀！这样的人，竟然害这样的病！这样的人，竟然害这样的病！”

十一

zǐ yuē xián zāi huí yě yī dān shí yī piáo
子曰："贤哉，回也！一箪食，一瓢

yǐn zài lòu xiàng rén bù kān qí yōu huí yě bù gǎi qí
饮，在陋巷，人不堪其忧，回也不改其

lè xián zāi huí yě
乐。贤哉，回也！"

译 孔子说："颜回真是个贤人，一竹筐饭，一瓢水，住在简陋的小巷子里，别人根本受不了这份穷苦，颜回却毫不因此而改变他的快乐。颜回真是个贤人！"

十二

rǎn qiú yuē fēi bù yuè zǐ zhī dào lì bù zú yě
冉求曰："非不说子之道，力不足也。"

zǐ yuē lì bù zú zhě zhōng dào ér fèi jīn rǔ huà
子曰："力不足者，中道而废。今女画。"

译 冉求对孔子说："我并不是不喜欢您的学说，是我能力不够。"孔子说："如果你真是没这个能力，也可能是半途而废。而现在，你还没开始走，就在自己脚下划根线，不往前走了。"

十三

zǐ wèi zǐ xià yuē rǔ wéi jūn zǐ rú wú wéi xiǎo
子谓子夏曰："女为君子儒！无为小

rén rú
人儒！"

译 孔子对子夏说："你应该做个君子一样的儒者，不要做个小人一样的儒者！"

十四

zǐ yóu wéi wǔ chéng zǎi zǐ yuē rǔ dé rén yān ěr
子游为武城宰。子曰："女得人焉耳
hū yuē yǒu tán tái miè míng zhě xíng bù yóu jìng
乎？"曰："有澹台灭明者，行不由径，
fēi gōng shì wèi cháng zhì yú yǎn zhī shì yě
非公事，未尝至于偃之室也。"

译 子游担任武城的长官。孔子说："你在这儿得到有才能的人吗？"子游说："有一个叫澹台灭明的人，从不插小道、走捷径，不是因为公事，从不到我屋里来。"

十五

zǐ yuē mèng zhī fǎn bù fá bēn ér diàn jiāng rù
子曰："孟之反不伐，奔而殿，将入
mén cè qí mǎ yuē fēi gǎn hòu yě mǎ bù jìn yě
门，策其马，曰：'非敢后也，马不进也。'"

译 孔子说："孟之反是个从不夸耀的人，军队打败了，他走在最后，掩护全军，将进城门时，他一边用鞭子抽打着马匹，一边说：'不是我勇敢，敢于殿后，是我骑的马跑不快呀。'"

十六

zǐ yuē bù yǒu zhù tuó zhī nìng ér yǒu sòng zhāo zhī měi nán hū miǎn yú jīn zhī shì yǐ

子曰：“不有祝鮀之佞，而有宋朝之美，难乎免于今之世矣。”

译 孔子说：“一个人，没有祝鮀的好口才，仅仅有宋朝的漂亮，在今天这样的社会里，恐怕难以避免祸害了。”

十七

zǐ yuē shéi néng chū bù yóu hù hé mò yóu sī dào yě

子曰：“谁能出不由户？何莫由斯道也？”

译 孔子说：“谁能够走到门外，但不经过房门呢？为什么没有人，肯沿人生大道向前走呢？”

十八

zǐ yuē zhì shèng wén zé yě wén shèng zhì zé shǐ wén zhì bīn bīn rán hòu jūn zǐ

子曰：“质胜文则野，文胜质则史。文质彬彬，然后君子。”

译 孔子说：“质朴胜过文采，就免不了粗野；文采胜过质朴，就免不了虚华。只有文采和质朴配合适当，才算得上是个君子。”

十九

zǐ yuē rén zhī shēng yě zhí wǎng zhī shēng yě xìng ér miǎn

子曰："人之生也直，罔之生也幸而免。"

译 孔子说："人能活着，靠的是正直，不正直的人也能活着，那是因为侥幸而免于祸害。"

二十

zǐ yuē zhī zhī zhě bù rú hào zhī zhě hào zhī zhě bù rú lè zhī zhě

子曰："知之者不如好之者，好之者不如乐之者。"

译 孔子说："对于任何事情，知道它，不如喜好它。喜好它，不如迷恋它。"

二十一

zǐ yuē zhōng rén yǐ shàng kě yǐ yǔ shàng yě zhōng rén yǐ xià bù kě yǐ yǔ shàng yě

子曰："中人以上，可以语上也；中人以下，不可以语上也。"

译 孔子说："中等才能以上的人，可以跟他讲高深的学问；中等才能以下的人，则不能跟他讲高深的学问。"

二十二

fán chí wèn zhì　zǐ yuē　wù mín zhī yì　jìng guǐ shén ér yuǎn zhī　kě wèi zhì yǐ

樊迟问知。子曰：“务民之义，敬鬼神而远之，可谓知矣。”

wèn rén　yuē　rén zhě xiān nán ér hòu huò　kě wèi rén yǐ

问仁。曰：“仁者先难而后获，可谓仁矣。”

译 樊迟向孔子请教怎样才是智慧。孔子说：“治理民众的要义，是使他们敬畏鬼神，但又不能太亲近鬼神。这样就算得上有智慧了。”

樊迟又问怎样才是有仁德。孔子说：“有仁德的人，吃苦一定在先，享受成果一定在后，这样就是仁德了。”

二十三

zǐ yuē　zhì zhě lè shuǐ　rén zhě lè shān　zhì zhě dòng　rén zhě jìng　zhì zhě lè　rén zhě shòu

子曰：“知者乐水，仁者乐山。知者动，仁者静。知者乐，仁者寿。”

译 孔子说：“知者喜欢水，仁者喜欢山。知者喜欢动，仁者喜欢静。知者常常快乐，仁者常常长寿。”

二十四

zǐ yuē qí yī biàn zhì yú lǔ lǔ yī biàn zhì yú dào

子曰："齐一变，至于鲁；鲁一变，至于道。"

译 孔子说："齐国这个国家，一有变革，便达到鲁国的样子；鲁国呢，一有变革，便合于大道了。"

二十五

zǐ yuē gū bù gū gū zāi gū zāi

子曰："觚不觚，觚哉！觚哉！"

译 孔子说："觚不像个觚，这能算是觚吗？还能算是觚吗？"

二十六

zǎi wǒ wèn yuē rén zhě suī gào zhī yuē jǐng yǒu rén yān qí cóng zhī yě zǐ yuē hé wèi qí rán yě jūn zǐ kě shì yě bù kě xiàn yě kě qī yě bù kě wǎng yě

宰我问曰："仁者，虽告之曰：'井有仁焉。'其从之也？"子曰："何为其然也？君子可逝也，不可陷也；可欺也，不可罔也。"

译 宰我问孔子："有仁德的人，如果你告诉他：'井里掉下一位有仁德的人啦。'他会不会跟着跳下去呢？"孔子说："你为什么要这样做呢？君子，可以叫他走开，但不可以陷害他；可以欺骗他，却不能使他失去方向。"

二十七

zǐ yuē jūn zǐ bó xué yú wén yuē zhī yǐ lǐ
子曰："君子博学于文，约之以礼，
yì kě yǐ fú pàn yǐ fú
亦可以弗畔矣夫！"

译　孔子说："作为君子，应该广泛地学习文献，用礼仪规范约束自己，就不会离经叛道了。"

二十八

zǐ jiàn nán zǐ zǐ lù bù yuè fū zǐ shǐ zhī yuē
子见南子，子路不说。夫子矢之曰：
yú suǒ fǒu zhě tiān yàn zhī tiān yàn zhī
"予所否者，天厌之！天厌之！"

译　孔子去见了南子，子路很不高兴。孔子发誓说："我的行为，若有不符合礼仪、不符合大道的，上天都会厌弃我呀！上天都会厌弃我呀！"

二十九

zǐ yuē zhōngyōng zhī wéi dé yě qí zhì yǐ hū
子曰："中庸之为德也，其至矣乎！
mín xiǎn jiǔ yǐ
民鲜久矣。"

译　孔子说："中庸这种道德，应该算是道德的最高峰了，可是人们缺乏它很久了。"

三十

zǐ gòng yuē rú yǒu bó shī yú mín ér néng jì zhòng
子贡曰："如有博施于民而能济众，
hé rú kě wèi rén hū zǐ yuē hé shì yú rén
何如？可谓仁乎？"子曰："何事于仁！
bì yě shèng hū yáo shùn qí yóu bìng zhū fū rén zhě jǐ
必也圣乎！尧舜其犹病诸！夫仁者，己
yù lì ér lì rén jǐ yù dá ér dá rén néng jìn qǔ pì
欲立而立人，己欲达而达人。能近取譬，
kě wèi rén zhī fāng yě yǐ
可谓仁之方也已。"

译 子贡说："如果有这样一个人，他能广泛地给人民带来实惠，能使大家过上好的生活，这人怎么样？能说他是仁人吗？"孔子道："这可不仅仅是'仁德'！这已经是'圣德'了！尧和舜这样的人，都遗憾自己做不到！我们所说的'仁'，就是既要自己站得住，同时也要使别人站得住；自己要通达，同时也要使别人能通达。能够设身处地，去考虑别人的需要，这就是践行仁德的方法。"

读后感

爱国家，爱人民

爱国家，爱人民，是我们从小要养成的品德。

在“雍也篇”中，我读到孔子与原思的对话，就想到了这一点。

孔子与原思的对话是这样的：

原思为之宰，与之粟九百，辞。子曰：“毋！以与尔邻里乡党乎！”

孔子给原思粮食，原思打算推辞掉，孔子说，你自己不需要，就分给村里贫穷的老百姓吧。孔子总是关心着老百姓，这在《论语》中，有很多记载。

在我们的现实生活中，爱国家、爱人民的人特别多。比如，解放军叔叔，在抗洪抢险中，为了保护国家和老百姓的财产和生命，用身体筑成人墙，堵住洪水，根本不顾个人安危。这是多么令人敬佩啊！

我们在语文课文中，学习了周恩来爷爷的故事，特别令人感动。周恩来爷爷在年轻时，与同学们一起回答“为什么读书”这个问题时，响亮地回答：“为中华之崛起而读书！”这是一种大志向，大抱负，只有深爱国家和人民的人，才会这样回答。

我们只有爱国家，爱人民，才能取得大的成绩，干大事。

述而篇第七

三十八则

·导读·

“述而篇”的主要内容，是记录孔子的言行，其中的很多语句，如“述而不作”、“子不语怪、力、乱、神”等，现在一样非常流行，只要说到孔子，就会想到这些句子。

读这一篇时，如果有仔细思考的习惯，很多地方读起来，与其他十九篇一样，非常有趣。

例如，孔子教学生，是否收学费？如果收，又怎么收？在第七章，孔子说：“自行束脩以上，吾未尝无诲焉。”一般情况下，都以这句话为依据，认为孔子教育学生，是收学费的，收什么呢？不收钱，收“束脩”！“束”，古人以十个为一束；“脩”，是腊肉、干肉的意思，“束脩”是指十条腊肉，以这个作为学费。有人就怀疑，如南怀瑾认为，如果这样收学费，“孔子三千弟子，哪里吃得了这许多腊肉，放也没有这样大的地方来放，还有孔子的学生中如颜回，连一个好一点的便当都没有，哪里来的腊肉送给老师？”这种理解，不一定就绝对正确，但确实能启发我们，对“束脩”这种学费，恐怕还得做更多探究。

一

zǐ yuē shù ér bù zuò xìn ér hào gǔ qiè bǐ yú wǒ lǎo péng

子曰：“述而不作，信而好古，窃比于我老彭。”

译 孔子说：“我只讲述，但不创作，相信并且爱好古代的文化，私下将自己比作老彭。”

二

zǐ yuē mò ér zhì zhī xué ér bù yàn huì rén bù juàn hé yǒu yú wǒ zāi

子曰：“默而识之，学而不厌，诲人不倦，何有于我哉？”

译 孔子说：“默默地牢记所学知识，爱好学习而不厌恶学习，教育人而不知道疲倦，这几件事情，我都做到了哪些呢？”

三

zǐ yuē dé zhī bù xiū xué zhī bù jiǎng wén yì bù néng xǐ bù shàn bù néng gǎi shì wú yōu yě

子曰：“德之不修，学之不讲，闻义不能徙，不善不能改，是吾忧也。”

译 孔子说：“不培养高尚的品德；不讲习学问；听到符合义的事情，却不能亲身跟随；有了缺点，又不能改正，这些都是我的忧虑呀！”

四

zǐ zhī yàn jū shēn shēn rú yě yāo yāo rú yě
子之燕居，申申如也，夭夭如也。

译 孔子闲居在家时，事事收拾得整整齐齐，整个人快乐、舒展。

五

zǐ yuē shèn yǐ wú shuāi yě jiǔ yǐ wú bù fù mèng jiàn zhōu gōng
子曰："甚矣吾衰也！久矣吾不复梦见周公！"

译 孔子说："我这个人衰老得太厉害了呀！我甚至很长时间没有梦见周公了！"

六

zǐ yuē zhì yú dào jù yú dé yī yú rén yóu yú yì
子曰："志于道，据于德，依于仁，游于艺。"

译 孔子说："立志于'道'，坚守着'德'，依靠着'仁'，遨游在礼、乐、射、御、书、数这'六艺'中。"

七

zǐ yuē zì xíng shù xiū yǐ shàng wú wèi cháng wú huì yān
子曰："自行束脩以上，吾未尝无诲焉。"

译 孔子说："自己带着十条干肉，或者更多一点的见面薄礼，来跟从我学习的人，我没有不尽心教诲的。"

八

zǐ yuē bù fèn bù qǐ, bù fěi bù fā. jǔ yī

子曰："不愤不启，不悱不发。举一

yú bù yǐ sān yú fǎn, zé bù fù yě.

隅不以三隅反，则不复也。"

译 孔子说："对于学生，不是他特别想学到知识，我就不启发他；不到他想说，但又说不出来时，我就不开导他。学习的时候，不能做到举一反三，触类旁通，我就不再教他了。"

九

zǐ shí yú yǒu sāng zhě zhī cè, wèi cháng bǎo yě.

子食于有丧者之侧，未尝饱也。

译 孔子在办丧事的人家旁边吃饭，从来不会吃得太饱。

十

zǐ yú shì rì kū, zé bù gē.

子于是日哭，则不歌。

译 孔子在这一天哭过，就不会再唱歌。

十一

zǐ wèi yán yuān yuē yòng zhī zé xíng shě zhī zé
子谓颜渊曰："用之则行，舍之则
cáng wéi wǒ yǔ ěr yǒu shì fú
藏，惟我与尔有是夫！"

zǐ lù yuē zǐ xíng sān jūn zé shéi yǔ
子路曰："子行三军，则谁与？"

zǐ yuē bào hǔ píng hé sǐ ér wú huǐ zhě wú
子曰："暴虎冯河，死而无悔者，吾
bù yǔ yě bì yě lín shì ér jù hào móu ér chéng zhě yě
不与也。必也临事而惧，好谋而成者也。"

译　孔子对颜渊说："社会需要我，我就积极行动起来；社会不需要我呢，就隐藏起来，能做到这一点的，只有我和你吧！"

子路说："如果您能率领一个国家的军队，您会找谁一起共事呢？"

孔子说："什么武器也不拿，就和老虎搏斗，没有船只，却去渡河，死了都不后悔，这样的人我是不和他共事的。我喜欢共事的人，是有大事发生时，会特别小心谨慎，善于谋划，能完成任务的人！"

十二

zǐ yuē fù ér kě qiú yě suī zhí biān zhī shì
子曰："富而可求也，虽执鞭之士，
wú yì wéi zhī rú bù kě qiú cóng wú suǒ hào
吾亦为之。如不可求，从吾所好。"

译 孔子说："如果财富是通过努力求得的，就是干手执皮鞭这样低贱的事，我也愿意干。如果不是这样获得的，我还是做我喜欢的事。"

十三

zǐ zhī suǒ shèn zhāi zhàn jí
子之所慎：齐，战，疾。

译 孔子特别谨慎对待的事有三种：斋戒，战争，疾病。

十四

zǐ zài qí wén sháo sān yuè bù zhī ròu wèi yuē
子在齐闻《韶》，三月不知肉味，曰：
bù tú wéi yuè zhī zhì yú sī yě
"不图为乐之至于斯也。"

译 孔子在齐国的时候，听到了《韶》乐，很长时间尝不出肉的味道，孔子说："真没想到，音乐的美能使我达到这种境界。"

十五

rǎn yǒu yuē fū zǐ wèi wèi jūn hū zǐ gòng yuē
冉有曰："夫子为卫君乎？"子贡曰：
nuò wú jiāng wèn zhī rù yuē bó yí shū qí
"诺；吾将问之。"入，曰："伯夷、叔齐
hé rén yě yuē gǔ zhī xián rén yě yuē yuàn
何人也？"曰："古之贤人也。"曰："怨
hū yuē qiú rén ér dé rén yòu hé yuàn chū
乎？"曰："求仁而得仁，又何怨？"出，
yuē fū zǐ bù wèi yě
曰："夫子不为也。"

译 冉有说："咱们的老师会赞成卫君吗？"子贡说："对，我先去问问他。"子贡来到孔子屋里，说："伯夷、叔齐是什么样的人呢？"孔子说："他们是古代的贤人。"子贡说："他们心里有怨恨吗？"孔子说："他们想得到仁德，就得到了仁德，心里又有什么怨恨呢？"子贡出来说："老师肯定不会赞成卫君的。"

十六

zǐ yuē fàn shū shí yǐn shuǐ qū gōng ér zhěn
子曰："饭疏食，饮水，曲肱而枕
zhī lè yì zài qí zhōng yǐ bù yì ér fù qiě guì yú
之，乐亦在其中矣。不义而富且贵，于
wǒ rú fú yún
我如浮云。"

译 孔子说："吃着粗粮，喝着冷水，弯着胳膊做枕头，也很有乐趣。通过不正当的方式得到的富贵，对我来说就是浮云。"

十七

zǐ yuē jiā wǒ shù nián wǔ shí yǐ xué yì

子曰："加我数年，五十以学《易》，

kě yǐ wú dà guò yǐ

可以无大过矣。"

译　孔子说："让我多活几年，到五十岁时候去学习《易经》，就不会犯大错误了。"

十八

zǐ suǒ yǎ yán shī shū zhí lǐ jiē yǎ

子所雅言，《诗》、《书》、执礼，皆雅

yán yě

言也。

译　孔子有用雅言的场合，如诵读《诗经》，诵读《尚书》，行礼，等等，都用雅言。

十九

yè gōng wèn kǒng zǐ yú zǐ lù zǐ lù bù duì zǐ

叶公问孔子于子路，子路不对。子

yuē rǔ xī bù yuē qí wéi rén yě fā fèn wàng shí

曰："女奚不曰，其为人也，发愤忘食，

lè yǐ wàng yōu bù zhī lǎo zhī jiāng zhì yún ěr

乐以忘忧，不知老之将至云尔。"

译　叶公问子路，孔子是个什么样的人，子路没有回答。孔子对子路说："你为什么不这样告诉他：孔子的为人，发愤用功，便忘记了吃饭，内心快乐，便忘记了所有忧愁，从来不知道衰老会到来，他就是个这样的人罢了。"

二十

zǐ yuē wǒ fēi shēng ér zhī zhī zhě hào gǔ mǐn
子曰：“我非生而知之者，好古，敏
yǐ qiú zhī zhě yě
以求之者也。”

译 孔子说：“我不是生来便知的人，而是因为爱好古代文化，并且勤奋求学得来的。”

二十一

zǐ bù yǔ guài lì luàn shén
子不语怪，力，乱，神。

译 孔子不谈论怪异、强力、悖乱和鬼神。

二十二

zǐ yuē sān rén xíng bì yǒu wǒ shī yān zé qí
子曰：“三人行，必有我师焉：择其
shàn zhě ér cóng zhī qí bù shàn zhě ér gǎi zhī
善者而从之，其不善者而改之。”

译 孔子说：“几个人走在一块，其中一定有可以做我老师的人：我选择他们的优点来学习，对照着他们的缺点，来修正自己。”

二十三

zǐ yuē tiān shēng dé yú yú huán tuí qí rú yú hé

子曰："天生德于予，桓魋其如予何？"

译 孔子说："上天将仁德降生在我身上，桓魋能把我怎样？"

二十四

zǐ yuē èr sān zǐ yǐ wǒ wéi yǐn hū wú wú yǐn hū ěr wú wú xíng ér bù yǔ èr sān zǐ zhě shì qiū yě

子曰："二三子以我为隐乎？吾无隐乎尔。吾无行而不与二三子者，是丘也。"

译 孔子说："大家以为我有所隐瞒吗？我对你们没什么隐瞒的。我没有一件事，不是与你们共同完成的，这就是我孔丘的为人。"

二十五

zǐ yǐ sì jiào wén xíng zhōng xìn

子以四教：文，行，忠，信。

译 孔子教给学生四种内容：典籍文献，社会实践，忠诚，守信。

二十六

zǐ yuē shèng rén wú bù dé ér jiàn zhī yǐ dé jiàn jūn zǐ zhě sī kě yǐ

子曰："圣人，吾不得而见之矣；得见君子者，斯可矣。"

zǐ yuē shàn rén wú bù dé ér jiàn zhī yǐ dé jiàn yǒu héng zhě sī kě yǐ wú ér wéi yǒu xū ér wéi yíng yuē ér wéi tài nán hū yǒu héng yǐ

子曰："善人，吾不得而见之矣；得见有恒者，斯可矣。亡而为有，虚而为盈，约而为泰，难乎有恒矣。"

译 孔子说："圣人，我没法见到了；能看见君子，就可以了。"

孔子又说："善人，我没法看见了；能看见持之以恒的人，就可以了。本来没有，却又假装有；本来是空的，却又假装充满了；本来很穷困，却又假装富有豪华，这样的人，便是无恒的人。"

二十七

zǐ diào ér bù gāng yì bù shè sù

子钓而不纲，弋不射宿。

译 孔子钓鱼，不会用长绳系网来捞鱼；孔子用带生丝的箭射鸟，但不射归巢的鸟。

二十八

zǐ yuē gài yǒu bù zhī ér zuò zhī zhě, wǒ wú shì yě. duō wén, zé qí shàn zhě ér cóng zhī; duō jiàn ér zhì zhī; zhī zhī cì yě.

子曰：“盖有不知而作之者，我无是也。多闻，择其善者而从之；多见而识之；知之次也。”

译 孔子说：“大概有一种人，自己不懂，却又凭空造作，我不是这种人。多听，选择好的并接受；多看，认真记在心里，这是次一级的‘知’。”

二十九

hù xiāng nán yǔ yán, tóng zǐ xiàn, mén rén huò. zǐ yuē: yǔ qí jìn yě, bù yǔ qí tuì yě, wéi hé shèn? rén jié jǐ yǐ jìn, yǔ qí jié yě, bù bǎo qí wǎng yě.

互乡难与言，童子见，门人惑。子曰：“与其进也，不与其退也，唯何甚？人洁己以进，与其洁也，不保其往也。”

译 互乡这个地方的人，难于沟通交流。一个少年来见孔子，孔子接见了他，弟子们对此都很疑惑。孔子说：“赞成他们的进步，不赞成他们的退步，何必做得太过？别人虚心洁己，来到我这里，就应该肯定他的洁净，不要只记得他的过去。”

三十

zǐ yuē　rén yuǎn hū zāi　wǒ yù rén　sī rén zhì
子曰："仁远乎哉？我欲仁，斯仁至
yǐ
矣。"

译　孔子说："仁德离我们很远吗？并不是，我想要它，它就来了呀！"

三十一

chén sī bài wèn zhāo gōng zhī lǐ hū　kǒng zǐ yuē　zhī lǐ
陈司败问昭公知礼乎，孔子曰："知礼。"
kǒng zǐ tuì　yī wū mǎ qī ér jìn zhī　yuē　wú wén
孔子退，揖巫马期而进之，曰："吾闻
jūn zǐ bù dǎng　jūn zǐ yì dǎng hū　jūn qǔ yú wú　wéi tóng
君子不党，君子亦党乎？君取于吴，为同
xìng　wèi zhī wú mèng zǐ　jūn ér zhī lǐ　shú bù zhī lǐ
姓，谓之吴孟子。君而知礼，孰不知礼？"
wū mǎ qī yǐ gào　zǐ yuē　qiū yě xìng　gǒu yǒu guò
巫马期以告。子曰："丘也幸，苟有过，
rén bì zhī zhī
人必知之。"

译　陈司败问孔子，鲁昭公懂不懂礼，孔子说："懂礼。"

孔子退出以后，陈司败便向巫马期作揖，请他进屋，说："我听说君子不会结党，不偏袒，难道孔子这样的君子也会偏袒吗？鲁昭公从吴国娶了妻子，吴国和鲁国是同姓国家，于是叫她'吴孟子'。鲁昭公要是懂礼，谁不懂礼呢？"

巫马期把这话告诉了孔子。孔子说："我真是个幸运的人，只要有错误，一定有人给指出来。"

三十二

zǐ yǔ rén gē ér shàn bì shǐ fǎn zhī ér hòu hè zhī

子与人歌而善，必使反之，而后和之。

译 孔子同别人一起唱歌，如果别人唱得好，一定会请他再唱一遍，然后自己跟着他唱。

三十三

zǐ yuē wén mò wú yóu rén yě gōng xíng jūn zǐ zé wú wèi zhī yǒu dé

子曰："文莫，吾犹人也。躬行君子，则吾未之有得。"

译 孔子说："对书本知识的掌握，我同别人差不多。在实践中做一个君子，我还没有成功。"

三十四

zǐ yuē ruò shèng yǔ rén zé wú qǐ gǎn yì wéi zhī bù yàn huì rén bù juàn zé kě wèi yún ěr yǐ yǐ

子曰："若圣与仁，则吾岂敢？抑为之不厌，诲人不倦，则可谓云尔已矣。"

gōng xī huá yuē zhèng wéi dì zǐ bù néng xué yě

公西华曰："正唯弟子不能学也。"

译 孔子说："若说做到了圣和仁，我怎么敢这么说？只不过是不厌地学，不倦地教，大概就是如此罢了。"公西华说："这正是我们做学生的学不到的地方。"

三十五

zǐ jí bìng, zǐ lù qǐng dǎo. zǐ yuē: yǒu zhū?
子疾病，子路请祷。子曰：“有诸？”

zǐ lù duì yuē: yǒu zhī; lěi yuē: dǎo ěr yú shàng
子路对曰：“有之；《诔》曰：‘祷尔于上

xià shén qí. zǐ yuē: qiū zhī dǎo jiǔ yǐ.
下神祇。’”子曰：“丘之祷久矣。”

译　孔子病重，子路请求向神祈祷。孔子说：“有这回事吗？”子路回答说：“有呀；《诔文》说：‘替你向天上和地下的神祈祷。’”孔子说：“我早就祈祷过了。”

三十六

zǐ yuē: shē zé bù xùn, jiǎn zé gù. yǔ qí bù
子曰：“奢则不孙，俭则固。与其不

xùn yě, nìng gù.
孙也，宁固。”

译　孔子说：“奢侈，就会变得盛气凌人，俭朴，就会显得寒酸固陋。与其盛气凌人，宁可寒酸固陋。”

三十七

zǐ yuē: jūn zǐ tǎn dàng dàng, xiǎo rén cháng qī qī.
子曰：“君子坦荡荡，小人长戚戚。”

译　孔子说：“君子内心坦荡宽广，小人内心总是忧愁不安。”

三十八

zǐ wēn ér lì wēi ér bù měng gōng ér ān

子温而厉，威而不猛，恭而安。

译 孔子温和而严厉，有威严，但不凶猛，恭敬而安详。

要干正当的事

人一辈子，都只能干正当的事，不能做不正当、违法的事。

所以，在“述而篇”，孔子说：

“饭疏食饮水，曲肱而枕之，乐亦在其中矣。不义而富且贵，于我如浮云。”

孔子告诉我们，通过正当的方式，哪怕只能得到最简单的生活，也很快乐。通过不正当的手段获得财富，他一定不会这么做。

有一些人，吃不起苦，想走捷径获得财富，就去干不正当的事。这些人，有的被关进了监狱，有的失去了生命，下场很惨。

而有些人，做正当的事，一辈子都活得很有意义。比如，我们学习过雷锋叔叔的故事，他觉得，经常帮助别人，是正当的事，成为一个乐于助人的人，很快乐。毛主席都说向雷锋学习，这是多么难得。

所以，我们要干正当的事，做一个好人！

泰伯篇 第八

二十一则

导读

“泰伯篇”的主要内容，是孔子对尧、舜、泰伯这些历史人物的评价，还包括曾子的一些话。

尧、舜、泰伯这些历史人物都是有精彩故事的。我们要学会讲这些故事，想想对我们有什么启发，这些故事为什么美好。

例如，泰伯奔吴的故事。吴泰伯和他的弟弟仲雍，都是周太王的儿子，季历的哥哥。周太王想将王位传给弟弟季历，泰伯和仲雍知道了父亲的意愿，就主动离开了家乡，来到了被称为野蛮之地的南方，就是现在的江苏无锡。这就是“泰伯奔吴”的故事，我们读这个故事，要看到的是兄弟情深、谦让这些方面。

“泰伯奔吴”是真实的历史故事。现在的江苏无锡，有姓钱的大家族，人才辈出，中国科学界的钱学森、钱三强、钱伟长，以及钱穆、钱锺书等大家，都是吴泰伯的后人。

曾子也是个有故事的人，如“曾子杀猪”的故事。《韩非子》这本书中记载，曾子的妻子，带着儿子经过市场时，儿子哭闹着要吃肉。曾子的妻子哄自己儿子，说：“不要哭，回家后，杀猪给你吃。”回家后，曾子真准备杀猪给儿子吃。曾子妻子说：“这只不过是给儿子开个玩笑，不要认真。”曾子回答说：“和孩子不能开这样的玩笑。孩子在未成人之前，主要是学习自己的父母。你现在欺骗儿子，是在教他学习欺骗啊！”曾子最后为了儿子，杀了一头猪。曾子的教育方法，真是极有智慧。

一

zǐ yuē tài bó qí kě wèi zhì dé yě yǐ yǐ
子曰："泰伯，其可谓至德也已矣。
sān yǐ tiān xià ràng mín wú dé ér chēng yān
三以天下让，民无得而称焉。"

译 孔子说："泰伯，可以说是具有最崇高的品德。屡次把天下让给别人，但人们并不知道这事，所以没称赞他。"

二

zǐ yuē gōng ér wú lǐ zé láo shèn ér wú lǐ zé
子曰："恭而无礼则劳，慎而无礼则
xǐ yǒng ér wú lǐ zé luàn zhí ér wú lǐ zé jiǎo jūn
葸，勇而无礼则乱，直而无礼则绞。君
zǐ dǔ yú qīn zé mín xīng yú rén gù jiù bù yí zé
子笃于亲，则民兴于仁；故旧不遗，则
mín bù tōu
民不偷。"

译 孔子说："恭敬，但不知礼，就会劳倦；谨慎，但不知礼，就会胆怯畏缩；勇敢，但不知礼，就会闯祸；直爽，但不知礼，就会尖刻急躁。君子对亲属感情深厚，老百姓就会变得有仁德；君子不抛弃老同事、老朋友，老百姓就不会变得冷漠无情。"

三

zēng zǐ yǒu jí zhào mén dì zǐ yuē qǐ yú zú qǐ
曾子有疾，召门弟子曰："启予足！启
yú shǒu shī yún zhàn zhàn jīng jīng rú lín shēn yuān rú
予手！《诗》云：'战战兢兢，如临深渊，如
lǚ bó bīng ér jīn ér hòu wú zhī miǎn fú xiǎo zǐ
履薄冰。'而今而后，吾知免夫！小子！"

译　曾参病了，把他的学生召集到一起，说："看看我的脚和手吧！《诗经》中说：'小心呀！谨慎呀！好像站在深渊旁边，又好像在薄薄冰层上行走。'从现在开始，我才明白自己是可以免于祸害了！小子们！"

四

zēng zǐ yǒu jí mèng jìng zǐ wèn zhī zēng zǐ yán yuē
曾子有疾，孟敬子问之。曾子言曰：
niǎo zhī jiāng sǐ qí míng yě āi rén zhī jiāng sǐ qí
"鸟之将死，其鸣也哀；人之将死，其
yán yě shàn jūn zǐ suǒ guì hū dào zhě sān dòng róng mào
言也善。君子所贵乎道者三：动容貌，
sī yuǎn bào màn yǐ zhèng yán sè sī jìn xìn yǐ chū cí
斯远暴慢矣；正颜色，斯近信矣；出辞
qì sī yuǎn bǐ bèi yǐ biān dòu zhī shì zé yǒu sī cún
气，斯远鄙倍矣。笾豆之事，则有司存。"

译　曾参病了，孟敬子去探望他。曾子说："鸟儿快要死了，它的鸣叫声很悲哀；人将要死了，说话也变得特别友善。君子看重的、与'道'相吻合的有三个方面：容貌端正，就可以远离粗暴和慢待；脸色端正，就容易使人信服；说话文雅，就可以避免粗鄙和错误。至于礼仪的具体细节，交给专门的人去管理。"

五

zēng zǐ yuē yǐ néng wèn yú bù néng yǐ duō wèn yú
曾子曰："以能问于不能，以多问于
guǎ yǒu ruò wú shí ruò xū fàn ér bù jiào xī zhě
寡；有若无，实若虚，犯而不校，昔者
wú yǒu cháng cóng shì yú sī yǐ
吾友尝从事于斯矣。"

译　曾子说："有大能力，却勇于向能力小的人请教，知识丰富，却向知识少的人请教；很有学问，就像没有学问一样，满腹经纶，就像一无所知；即使被别人欺侮，也不计较，我的一位朋友，从前便曾是这样做的。"

六

zēng zǐ yuē kě yǐ tuō liù chǐ zhī gū kě yǐ jì
曾子曰："可以托六尺之孤，可以寄
bǎi lǐ zhī mìng lín dà jié ér bù kě duó yě jūn zǐ rén
百里之命，临大节而不可夺也，君子人
yú jūn zǐ rén yě
与？君子人也。"

译　曾子说："可以把幼小的孤儿交给他，可以把国家的命脉交给他，在有大事发生的紧要关头，绝不屈服，这种人是君子人吗？是君子人呀。"

七

zēng zǐ yuē shì bù kě yǐ bù hóng yì rèn zhòng ér
曾子曰："士不可以不弘毅，任重而
dào yuǎn rén yǐ wéi jǐ rèn bù yì zhòng hū sǐ ér hòu
道远。仁以为己任，不亦重乎？死而后
yǐ bù yì yuǎn hū
已，不亦远乎？"

译 曾子说："士人不能够不刚强，有毅力，因为他身负重任，前方路途遥远。以实现仁德为己任，不是重任吗？奋斗到死才能停止，不是很遥远吗？"

八

zǐ yuē xīng yú shī lì yú lǐ chéng yú yuè
子曰："兴于《诗》，立于礼，成于乐。"

译 孔子说："诵读《诗经》，能提高我的品德修养，学习礼仪，能使我立足社会，音乐则能使我的人格健全。"

九

zǐ yuē mín kě shǐ yóu zhī bù kě shǐ zhī zhī
子曰："民可使由之，不可使知之。"

译 孔子说："对于老百姓，可以使他们照着所说的去做，但是，不能让他们知道为什么要这样做。"

十

zǐ yuē hào yǒng jí pín luàn yě rén ér bù

子曰：“好勇疾贫，乱也。人而不

rén jí zhī yǐ shèn luàn yě

仁，疾之已甚，乱也。”

译 孔子说：“特别喜欢勇猛，厌恶贫困，会带来祸乱。对待那些不仁的人，特别痛恨，也会带来祸害。”

十一

zǐ yuē rú yǒu zhōu gōng zhī cái zhī měi shǐ jiāo qiě

子曰：“如有周公之才之美，使骄且

lìn qí yú bù zú guān yě yǐ

吝，其余不足观也已。”

译 孔子说：“如果有周公一样的才能，有周公一样的美德，但是骄纵，而且吝啬，其他方面就不值得一看了。”

十二

zǐ yuē sān nián xué bù zhì yú gǔ bù yì dé

子曰：“三年学，不至于谷，不易得

yě

也。”

译 孔子说：“一个人，学习了三年，并没有做官发财的想法，这就很难得了。”

十三

zǐ yuē dǔ xìn hào xué shǒu sǐ shàn dào wēi bāng
子曰：“笃信好学，守死善道。危邦
bù rù luàn bāng bù jū tiān xià yǒu dào zé xiàn wú dào
不入，乱邦不居。天下有道则见，无道
zé yǐn bāng yǒu dào pín qiě jiàn yān chǐ yě bāng wú
则隐。邦有道，贫且贱焉，耻也；邦无
dào fù qiě guì yān chǐ yě
道，富且贵焉，耻也。”

译　孔子说：“坚定不移地喜欢学习，牢牢地守护着‘道’。不去危险的国家，不定居祸乱的国家。天下太平，就出来为国家效力；不太平，就隐居起来。政治清明，自己贫贱，是耻辱；政治黑暗，自己富贵，也是耻辱。”

十四

zǐ yuē bù zài qí wèi bù móu qí zhèng
子曰：“不在其位，不谋其政。”

译　孔子说：“没处在相应的职位上，便不要去操心它的政务。”

十五

zǐ yuē shī zhì zhī shǐ guān jū zhī luàn yáng
子曰：“师挚之始，《关雎》之乱，洋
yáng hū yíng ěr zāi
洋乎盈耳哉！”

译　孔子说：“从太师挚开始升歌，到结尾演奏《关雎》这首乐曲，洋洋洒洒，满耳都是美妙的音乐呀。”

十六

zǐ yuē kuáng ér bù zhí, tóng ér bù yuàn, kōng kōng ér bù xìn, wú bù zhī zhī yǐ

子曰："狂而不直，侗而不愿，悾悾而不信，吾不知之矣。"

译　孔子说："粗狂而不直率，幼稚而不老实，假装诚恳而不讲信用，这种人我真不知道是什么人了。"

十七

zǐ yuē xué rú bù jí, yóu kǒng shī zhī

子曰："学如不及，犹恐失之。"

译　孔子说："学习，生怕赶不上别人，赶上了，又生怕再退步落后。"

十八

zǐ yuē wēi wēi hū, shùn yǔ zhī yǒu tiān xià yě ér bù yù yān

子曰："巍巍乎，舜禹之有天下也而不与焉！"

译　孔子说："舜和禹多么伟大、崇高呀！他们拥有天下，却一点也不为自己。"

十九

zǐ yuē dà zāi yáo zhī wéi jūn yě wēi wēi hū wéi
子曰："大哉尧之为君也！巍巍乎！唯
tiān wéi dà wéi yáo zé zhī dàng dàng hū mín wú néng míng
天为大，唯尧则之。荡荡乎，民无能名
yān wēi wēi hū qí yǒu chénggōng yě huàn hū qí yǒu wénzhāng
焉。巍巍乎其有成功也，焕乎其有文章！"

译 孔子说："尧真是伟大的君主！真崇高！世界上只有天最高最大，也只有尧能够学习天的高大。他对老百姓的恩惠浩荡无垠，老百姓都不知道怎样称赞他才好。他的功绩实在太崇高了，他的礼仪制度也非常美好！"

二十

shùn yǒu chén wǔ rén ér tiān xià zhì wǔ wáng yuē yú
舜有臣五人而天下治。武王曰："予
yǒu luàn chén shí rén kǒng zǐ yuē cái nán bù qí rán
有乱臣十人。"孔子曰："才难，不其然
hū táng yú zhī jì yú sī wéi shèng yǒu fù rén yān
乎！唐虞之际，于斯为盛。有妇人焉，
jiǔ rén ér yǐ sān fēn tiān xià yǒu qí èr yǐ fú shì yīn
九人而已。三分天下有其二，以服事殷。
zhōu zhī dé qí kě wèi zhì dé yě yǐ yǐ
周之德，其可谓至德也已矣。"

译 舜有五个贤能的大臣，就能治理好天下。武王也说过："我有十个能治理天下的大臣。"孔子因此说："人才难得，不是这样吗？唐尧到虞舜这一时期中，人才最兴盛。而武王的十个大臣中，还有一位是女人，因此实际上只有九个。周文王拥有了三分之二的天下，但还是臣服商朝。周朝的道德，可以说是最高的了呀！"

二十一

子曰："禹，吾无间然矣。菲饮食而致孝乎鬼神，恶衣服而致美乎黻冕，卑宫室而尽力乎沟洫。禹，吾无间然矣。"

译 孔子说："禹这个人，实在没有可批评的了。他自己吃得很差，但是，祭祀鬼神的食品很丰盛；自己穿得很坏，但是，祭祀礼服做得很华美；自己住得很简陋，为老百姓治理沟渠水利，却用尽了全力。对于禹，我实在没有可批评的了。"

读后感

不停地学习

在“泰伯篇”，有一句话是讲学习的：

子曰：“学如不及，犹恐失之。”

这句话不容易理解，大概意思是说，一个人在学习时，生怕赶不上别人，等到赶上了，又担心接下来落在别人后面。

人只有不停地学习，才能进步。

就拿我自己来说吧。这个学期，我每次语文考试，课内阅读只扣很少的分，课外阅读题，大部分都是全对。以前我可没这么“厉害”，看见阅读题就头痛。为了提高自己的阅读能力，我坚持读《论语》《孟子》《老子》《史记》以及其他名著，很快就提高了阅读能力。多学、勤学，收获就多。

记得颜真卿写过一首读书诗：“三更灯火五更鸡，正是男儿读书时。黑发不知勤学早，白首方悔读书迟。”这首诗，就是告诉我们，读书郎，要惜时如金，不停地学习。

子罕篇第九

三十一则

导读

“子罕篇”的主要内容，是记录孔子的言行，主要是孔子赞同什么，反对什么。这篇的内容，与公冶长篇第五、雍也篇第六的内容有些相同，可以结合起来读。

像《论语》这样的古代典籍，一般是没有标点的。读书人，要先学识字，后学断句，就是给文章加上标点符号。这样一来，会出现很多很有趣的现象，那就是，不同的标点法，句子的意思可能完全不同。例如，“子罕篇”的第一章，我们这样标点：“子罕言利，与命，与仁。”其中的“与”字，当“赞成”解释，意思是：“孔子平时很少谈功利，只赞同命与仁。”也有这样断句的：“子罕言利与命与仁。”这时候，“与”字就变成“和”的意思了，整句话为“孔子平时很少谈功利、命运与仁德”。两种解释，意思完全不同。

读《论语》的时候，不妨也找一本没有标点的《论语》，自己试着标点，看看是否有新的理解出现。

这里还要提及一下，就是古文中“之”“乎”“者”“也”等词，出现得很多，这种词叫文言助词，起“帮助”的作用。它们虽然是配角，但绝对不能缺少，少了，就会闹笑话。清代有一个叫冯景的人，就讲到了这些词的作用，是使文言文变得有虚有实、生动有致。冯景举了个有趣的例子，就是有人将《论语》第一篇的第一章，删掉助词，变为：“学时习，说。朋远来，乐。不知，不愠，君子。”冯景说这人是“盲儒”，“发狂疾”，才这么干。

我们背诵《论语》时，也不能随便丢掉助词哟！

一

子罕言利，与命，与仁。

译 孔子平时很少谈功利，只赞同命与仁。

二

达巷党人曰：“大哉孔子！博学而无所成名。”子闻之，谓门弟子曰：“吾何执？执御乎？执射乎？吾执御矣。”

译 达巷这个地方有人说：“孔子这人真伟大！学问广博，可惜没有用来树立名声的特长。”孔子听了这话，对学生们说：“我该有什么特长呢？赶马车吗？射箭吗？我看赶马车吧。”

三

zǐ yuē　má miǎn　lǐ yě　jīn yě chún　jiǎn
子曰："麻冕，礼也；今也纯，俭，
wú cóngzhòng　bài xià　lǐ yě　jīn bài hū shàng　tài yě
吾从众。拜下，礼也；今拜乎上，泰也。
suī wéi zhòng　wú cóng xià
虽违众，吾从下。"

译　孔子说："用麻织礼帽，这是符合礼仪的；现在改用黑色的丝，这样省工，我赞同大家的做法。大臣拜见君主，在堂下磕头，这是符合礼仪的。现在大家都在堂上磕头，显得很倨傲。虽然与大家的做法不同，但我还是主张在堂下磕头。"

四

zǐ jué sì　wú yì　wú bì　wú gù　wú wǒ
子绝四：毋意，毋必，毋固，毋我。

译　孔子根除了四种缺点：不凭空揣测，不绝对肯定，不固执，不自我。

五

子畏于匡，曰："文王既没，文不在兹乎？天之将丧斯文也，后死者不得与于斯文也；天之未丧斯文也，匡人其如予何？"

译 孔子被围在匡这个地方时，说："周文王死了，所有文化遗产不都在我这儿吗？上天要消灭这种文化，那我这个后来人，也不能掌握这些文化了；上天若是不想消灭这些宝贵文化，匡地的人，又能把我怎么样呢？"

六

太宰问于子贡曰："夫子圣者与？何其多能也？"子贡曰："固天纵之将圣，又多能也。"

子闻之，曰："太宰知我乎！吾少也贱，故多能鄙事。君子多乎哉？不多也。"

译 太宰这个人问子贡："你老师是位圣人吗？不然的话，为什么这样多才多艺呢？"子贡说："是上天让他成为圣人的，又使他多才多艺。"

孔子听到这话后说："太宰理解我呀！我小时候，家里贫穷，所以学会了不少鄙贱的技艺。君子会有这么多技艺吗？不会的。"

七

láo yuē　zǐ yún　wú bù shì　gù yì
牢曰："子云：'吾不试，故艺。'"

译　牢这个人说："孔子说过，我没有被国家委以大用，所以能够学到一些技艺。"

八

zǐ yuē　wú yǒu zhī hū zāi　wú zhī yě　yǒu bǐ fū wèn yú wǒ　kōng kōng rú yě　wǒ kòu qí liǎng duān ér jié yān
子曰："吾有知乎哉？无知也。有鄙夫问于我，空空如也。我叩其两端而竭焉。"

译　孔子说："我知识丰富吗？我知识不丰富。有一个农民问我问题，我完全不知道；我只能从他的问题的首尾两头去询问，然后尽量告诉他我所知道的。"

九

zǐ yuē　fèng niǎo bù zhì　hé bù chū tú　wú yǐ yǐ fú
子曰："凤鸟不至，河不出图，吾已矣夫！"

译　孔子说："凤凰也不飞来了，黄河也不出图画了，我恐怕是要完了吧！"

十

zǐ jiàn zī cuī zhě miǎn yī cháng zhě yǔ gǔ zhě jiàn
子见齐衰者、冕衣裳者与瞽者，见
zhī suī shào bì zuò guò zhī bì qū
之，虽少，必作；过之，必趋。

译 孔子发现有穿丧服的人、戴着礼帽穿着礼服的人、盲人，在与他们相见时，他们虽然年轻，孔子也一定会站起来；从他们身边经过时，一定会快走几步。

十一

yán yuān kuì rán tàn yuē yǎng zhī mí gāo zuān zhī mí
颜渊喟然叹曰：“仰之弥高，钻之弥
jiān zhān zhī zài qián hū yān zài hòu fū zǐ xún xún rán
坚。瞻之在前，忽焉在后。夫子循循然
shàn yòu rén bó wǒ yǐ wén yuē wǒ yǐ lǐ yù bà bù
善诱人，博我以文，约我以礼，欲罢不
néng jì jié wú cái rú yǒu suǒ lì zhuó ěr suī yù cóng
能。既竭吾才，如有所立卓尔。虽欲从
zhī mò yóu yě yǐ
之，末由也已。”

译 颜渊长叹一声，说：“老师的学问与道德，我越仰视，越觉得高；越努力钻研，越觉得深。一会看它好像在前面，一会看它又在后面了。好在老师善于教导我们，用典籍文献来丰富我的知识，又用礼仪来规范我的行为，使我想停止学习都不可能。我已经用尽了我的才华，似乎能够独立工作了。如果再向前进，却又不知道往哪个方向走了。”

十二

zǐ jí bìng, zǐ lù shǐ mén rén wéi chén. bìng jiān,
子疾病，子路使门人为臣。病间，
yuē: "jiǔ yǐ zāi, yóu zhī xíng zhà yě! wú chén ér wéi yǒu
曰："久矣哉，由之行诈也！无臣而为有
chén. wú shéi qī? qī tiān hū! qiě yú yǔ qí sǐ yú chén
臣。吾谁欺？欺天乎！且予与其死于臣
zhī shǒu yě, wú nìng sǐ yú èr sān zǐ zhī shǒu hū! qiě yú
之手也，无宁死于二三子之手乎！且予
zòng bù dé dà zàng, yú sǐ yú dào lù hū?"
纵不得大葬，予死于道路乎？"

译 孔子病得很厉害，子路使孔子的门人做家臣，准备丧事。孔子病好了，说："仲由干这种欺骗的事，很久了呀！我没有家臣，装作有家臣，我骗谁呢?我欺骗上天啊！我与其死在家臣的手里，宁肯死在你们做学生的手里！我即使不能享受高规格的葬礼，难道我会死在路上吗？"

十三

zǐ gòng yuē: "yǒu měi yù yú sī, yùn dú ér cáng
子贡曰："有美玉于斯，韫椟而藏
zhū? qiú shàn gǔ ér gū zhū?" zǐ yuē: "gū zhī zāi!
诸？求善贾而沽诸？"子曰："沽之哉！
gū zhī zāi! wǒ dài gǔ zhě yě."
沽之哉！我待贾者也。"

译 子贡说："这里有一块美玉，是把它藏在柜子里呢？还是找一个识货的商人，卖给他呢？"孔子说："卖掉吧，卖掉吧，我正在等待那个识货的人呢。"

十四

zǐ yù jū jiǔ yí　huò yuē　lòu　rú zhī hé
子欲居九夷。或曰："陋，如之何？"

zǐ yuē　jūn zǐ jū zhī　hé lòu zhī yǒu
子曰："君子居之，何陋之有？"

译 孔子想住到九夷去。有人说："那里非常简陋，怎么能住？"孔子说："君子住在那里，怎么会简陋呢？"

十五

zǐ yuē　wú zì wèi fǎn lǔ　rán hòu yuè zhèng
子曰："吾自卫反鲁，然后乐正，

yǎ　sòng　gè dé qí suǒ
《雅》《颂》各得其所。"

译 孔子说："我从卫国回到鲁国，开始整理音乐乐章，使《雅》乐、《颂》乐各自回到适合自己的位置。"

十六

zǐ yuē　chū zé shì gōng qīng　rù zé shì fù xiōng
子曰："出则事公卿，入则事父兄，

sāng shì bù gǎn bù miǎn　bù wéi jiǔ kùn　hé yǒu yú wǒ zāi
丧事不敢不勉，不为酒困，何有于我哉？"

译 孔子说："出外服事公卿，在家服事父兄，参与丧事，不敢不尽力，不被酒困扰，这些对我来说，有什么难呢？"

十七

zǐ zài chuānshàng yuē shì zhě rú sī fú bù shě
子在川上，曰：“逝者如斯夫！不舍
zhòu yè
昼夜。”

译 孔子站在河边说：“时间的消逝，就像河水这样吧！日夜不停地向前流。”

十八

zǐ yuē wú wèi jiàn hào dé rú hào sè zhě yě
子曰：“吾未见好德如好色者也。”

译 孔子说：“我没有见过喜好美德像喜好美色一样的人。”

十九

zǐ yuē pì rú wéi shān wèi chéng yī kuì zhǐ
子曰：“譬如为山，未成一篑，止，
wú zhǐ yě pì rú píng dì suī fù yī kuì jìn wú
吾止也。譬如平地，虽覆一篑，进，吾
wǎng yě
往也。”

译 孔子说：“比方说，要用土堆成一座山，只差一筐土便成功了，如果应该停止，我会立即停止。又比方说，要用土在平地上堆成一座山，才刚刚堆一筐土，如果应该继续前进，我一样会一往无前。”

二十

zǐ yuē yù zhī ér bù duò zhě qí huí yě yú
子曰：“语之而不惰者，其回也与！”

译 孔子说：“能认真听我说话，从不懈怠的人，大概只有颜回吧！”

二十一

zǐ wèi yán yuān yuē xī hū wú jiàn qí jìn yě
子谓颜渊，曰：“惜乎！吾见其进也，
wèi jiàn qí zhǐ yě
未见其止也。”

译 孔子对颜渊说：“可惜呀，我只看见你不断前进，从没看见你停止一下。”

二十二

zǐ yuē miáo ér bù xiù zhě yǒu yǐ fú xiù ér bù
子曰：“苗而不秀者有矣夫！秀而不
shí zhě yǒu yǐ fú
实者有矣夫！”

译 孔子说：“庄稼中，有长成了苗，却不吐穗开花的！有吐穗开花，却不结果实的！”

二十三

子曰："后生可畏，焉知来者之不如今也？四十、五十而无闻焉，斯亦不足畏也已。"

译　孔子说："年轻人是值得敬畏的，怎么知道后来者就比现在的人差呢？如果四十、五十岁了，还默默无闻，那就不值得敬畏。"

二十四

子曰："法语之言，能无从乎？改之为贵。巽与之言，能无说乎？绎之为贵。说而不绎，从而不改，吾末如之何也已矣。"

译　孔子说："别人严肃正确的话，能够不听从吗？听了后，能改正错误，就可贵。顺从自己意愿的话，听了能不高兴吗？分析一下，是否正确，才可贵。只图高兴，不加分析；表面上听从，但完全不改正，对这种人就没办法了。"

二十五

zǐ yuē　zhǔ zhōng xìn　wú yǒu bù rú jǐ zhě　guò zé wù dàn gǎi

子曰："主忠信，毋友不如己者，过则勿惮改。"

译 孔子说："做人做事，忠诚守信，不跟比自己差的人做朋友，有了过错，不害怕努力改正。"

二十六

zǐ yuē　sān jūn kě duó shuài yě　pǐ fū bù kě duó zhì yě

子曰："三军可夺帅也，匹夫不可夺志也。"

译 孔子说："一国的军队，可以消灭它的主帅；一个普通人，却不能消灭它的志向。"

二十七

zǐ yuē yì bì yùn páo yǔ yì hú hé zhě lì
子曰：“衣敝缊袍，与衣狐貉者立，
ér bù chǐ zhě qí yóu yě yú bù zhì bù qiú hé
而不耻者，其由也与？‘不忮不求，何
yòng bù zāng zǐ lù zhōngshēn sòng zhī zǐ yuē shì
用不臧？’”子路终身诵之。子曰：“是
dào yě hé zú yǐ zāng
道也，何足以臧？”

译 孔子说道：“穿着破烂的衣服，与穿着狐皮大衣的人站在一起，不觉得耻辱的，恐怕只有仲由了吧！《诗经》中说：‘不嫉妒，不贪心，做好事情有啥难？’”子路听了，便老念着这两句诗。孔子说：“就这个样子，又怎么能够做好事情呢？”

二十八

zǐ yuē suì hán rán hòu zhī sōng bǎi zhī hòu diāo yě
子曰：“岁寒，然后知松柏之后凋也。”

译 孔子说：“只有在寒冷的冬天，才知道松树和柏树的树叶，是最后凋落的。”

二十九

zǐ yuē zhì zhě bù huò rén zhě bù yōu yǒng zhě
子曰：“知者不惑，仁者不忧，勇者
bù jù
不惧。”

译 孔子说：“智慧的人，不会迷惑，仁德的人，乐观无忧，勇敢的人，无所畏惧。”

三十

zǐ yuē kě yǔ gòng xué wèi kě yǔ shì dào kě
子曰：“可与共学，未可与适道；可
yǔ shì dào wèi kě yǔ lì kě yǔ lì wèi kě yǔ quán
与适道，未可与立；可与立，未可与权。”

译 孔子说：“有的人，可以同他一起学习，但不一定与他志同道合；可与他志同道合，也不一定能一道取得成就；可以同他一道取得成就，但不一定可与他相协调，事事意见一致。”

三十一

táng dì zhī huā piān qí fǎn ér qǐ bù ěr sī
“唐棣之华，偏其反而。岂不尔思？
shì shì yuǎn ér zǐ yuē wèi zhī sī yě fú hé yuǎn
室是远而。”子曰：“未之思也，夫何远
zhī yǒu
之有？”

译 有几句古诗是这样说的：“唐棣树的花，随风翻飞飘舞。难道我不思念你吗？只是因为我的家，离你太遥远。”孔子说：“他不是真正思念呢，真的思念，有什么远呢？”

读后感

珍惜时间

在“子罕篇”中，有句话是这么说的：

子在川上，曰：“逝者如斯夫！不舍昼夜。”

我觉得，这句话是告诉我们，要珍惜时间，浪费的时间，一去不复返。

有句古话说：“一寸光阴一寸金，寸金难买寸光阴。”时间比黄金更贵重，更要珍惜呀！

在古代，珍惜时间的名人很多，如北宋时期的司马光。司马光小时候，有点“笨”，记忆力不强，记同一段话，他要比别人多花好几倍的时间。但是，他特别珍惜时间，别人玩耍时，他也在学习，就是走路，也不忘记背诵。司马光惜时如金，坚持学习，最后成为很有成就的人。

我们从小就要养成珍惜时间的好习惯。

我们珍惜时间，有很多种方法，比如，合理安排时间。我以前，也没有学会合理安排时间，一会儿看书，一会玩玩具，结果，学也没学好，玩也没玩好。后来，我决定改正这个缺点，将要做的事情，做成计划表，并且严格按计划执行。坚持的时间长了，我也学会了合理安排时间，学习更带劲了。

乡党篇第十

二十七则

导读

“乡党篇”本来只有一章的内容，主要记载孔子的言谈举止、衣食住行等，这是一个“活”的孔子。为了方便阅读，根据国学大家杨伯峻先生的分段标准，将这一大章内容，分为二十七小节。

孔子长什么样，其实也是很多人喜欢谈论的话题。《史记》这本书中记载：“生而首上圩顶，故因名曰丘。”就是说，孔子生下来，头顶像个坑，向下凹。《史记》还说：“孔子长九尺有六寸，人皆谓之‘长人’而异之。”九尺六寸，折合成我们现在的长度，孔子身高超过一米九，估计也是“男神”级别的人。

但是，时间越往后，孔子也越“长”越丑。最后，孔子“长”成什么样了呢？孔子成了个有“七陋”外貌的人：秃头，金鱼眼，朝天鼻，外翻耳，大龅牙，畸胸，驼背。其实，孔子的真实外貌，谁也没办法知道了，我们更需要记住的，是孔子留给我们的《论语》。

“乡党篇”中，孔子吃饭时的讲究，如“割不正，不食”，就是菜切得不好，都不吃，值得思考。孔子为什么对饮食，有这么多要求呢？很明显，孔子对饮食的严格要求，实际上是对自己做人、做事的严格要求。吃什么，喝什么，是能反映出一个人的道德品质的。明代有名的宰相张居正，在年轻的时候，清正廉洁，能严格要求自己，粗茶淡饭，不奢侈，不浪费。但是，到了晚年，张居正变了，喜欢享受，别人请他吃饭，为他准备了一百道菜，张居正当时就翻脸了，他说，只有一百道菜，让我怎么吃？我没地方下筷子啊！这一餐饭，让我们看到了一个腐败、骄横的张居正。

孔子严于律己，就是生活细节也不马虎，这是真正的自律。

一

kǒng zǐ yú xiāng dǎng, xún xún rú yě, sì bù néng yán
孔子于乡党，恂恂如也，似不能言

zhě. qí zài zōng miào cháo tíng, biàn biàn yán, wéi jǐn ěr.
者。其在宗庙朝廷，便便言，唯谨尔。

译　孔子在自己乡里生活时，恭顺谦虚，好像不能说话一般。他在宗庙里、朝廷上，说话不含糊，很明白，只是话不多，很谨慎。

二

cháo, yǔ xià dà fū yán, kǎn kǎn rú yě; yǔ shàng
朝，与下大夫言，侃侃如也；与上

dà fū yán, yín yín rú yě. jūn zài, cù jí rú yě,
大夫言，訚訚如也。君在，踧踖如也，

yú yú rú yě.
与与如也。

译　孔子在上朝的时候，同下大夫说话，温和而快乐；同上大夫说话，恭敬而正直。君主在时，恭敬而稍微有点拘谨，有威仪，但不失温和。

三

jūn zhào shǐ bìn　sè bó rú yě　zú jué rú yě　yī
君召使摈，色勃如也，足躩如也。揖
suǒ yǔ lì　zuǒ yòu shǒu　yī qián hòu　chān rú yě　qū
所与立，左右手，衣前后，襜如也。趋
jìn　yì rú yě　bīn tuì　bì fù mìng yuē　bīn bù
进，翼如也。宾退，必复命曰：“宾不
gù yǐ
顾矣。”

译 鲁国君主召令孔子去接待外国的贵宾，孔子容貌庄重，走起路来，都显得很敬畏。向两旁的人作揖时，或者向左拱手，或者向右拱手，衣服前后飘动，却整齐不乱。快步向前，好像鸟儿张开了翅膀。贵宾告辞后，孔子一定要向君主回复说：“客人不再回头了。”

四

rù gōng mén jū gōng rú yě rú bù róng lì bù
入公门，鞠躬如也，如不容。立不
zhōng mén xíng bù lǚ yù guò wèi sè bó rú yě zú
中门，行不履阈。过位，色勃如也，足
jué rú yě qí yán sì bù zú zhě shè zī shēng táng jū
躩如也，其言似不足者。摄齐升堂，鞠
gōng rú yě bǐng qì sì bù xī zhě chū jiàng yī děng
躬如也，屏气似不息者。出，降一等，
chěng yán sè yí yí rú yě mò jiē qū jìn yì rú
逞颜色，怡怡如也。没阶，趋进，翼如
yě fù qí wèi cù jí rú yě
也。复其位，踧踖如也。

译 孔子走进朝廷的大门时，像鞠躬一样，缩着身子，有如大门容不下自己。站立时，不站在门中间；行走时，不踩门槛。经过国君的座位，容貌庄重，走路显得敬畏，说话不多，好像没什么话可讲。提起衣服的下摆，走上堂时，也像鞠躬一样，缩着身子，屏住气，好像不能呼吸一样。从大门里走出来后，降下一级台阶，面色就轻松了，一副怡然自得的样子。下完了台阶，像鸟儿张开翅膀一样，快步向前走。回到自己的位置，恭敬而有点拘谨。

五

zhí guī jū gōng rú yě rú bù shèng shàng rú yī
执圭，鞠躬如也，如不胜。上如揖，
xià rú shòu bó rú zhàn sè zú sù sù rú yǒu xún xiǎng
下如授。勃如战色，足蹜蹜如有循。享
lǐ yǒu róng sè sī dí yú yú rú yě
礼，有容色。私觌，愉愉如也。

译　孔子手拿着圭时，像鞠躬一样，缩着身子，恭敬、谨慎，好像是自己举不起来。他向上举圭，好像向别人作揖，将圭向下，好像将东西郑重授予别人。面色庄重，如临大敌。脚步也紧凑起来，好像沿着直线往前走。行享献礼时，满脸和气。私下会见外国君臣，就轻松愉快。

六

jūn zǐ bù yǐ gàn zōu shì hóng zǐ bù yǐ wéi xiè fú
君子不以绀緅饰，红紫不以为亵服。

dāng shǔ zhěn chī xì bì biǎo ér chū zhī zī yī gāo
当暑，袗絺绤，必表而出之。缁衣，羔

qiú sù yī ní qiú huáng yī hú qiú xiè qiú cháng
裘；素衣，麑裘；黄衣，狐裘。亵裘长，

duǎn yòu mèi bì yǒu qǐn yī cháng yī shēn yǒu bàn hú hé
短右袂。必有寝衣，长一身有半。狐貉

zhī hòu yǐ jū qù sàng wú suǒ bù pèi fēi wéi cháng
之厚以居。去丧，无所不佩。非帷裳，

bì shài zhī gāo qiú xuán guān bù yǐ diào jí yuè bì cháo
必杀之。羔裘玄冠不以吊。吉月，必朝

fú ér cháo
服而朝。

译　君子的衣服，不用绀色和緅色来镶边，日常居家的衣服，不用红色和紫色。当热天来临，穿粗的或者细的葛布单衣，但出门时，一定加件上衣。黑色的衣搭配紫羔，白色的衣搭配麑裘，黄色的衣搭配狐裘。平时居家穿的皮袄较长，右边的袖子要做得短些。睡觉一定要有寝衣，长度是一个人的半身长。冬天里，用狐貉皮来做座垫。过了服丧的期限，什么东西都可以佩带。不是上朝和祭祀时穿的礼服，一定要裁去一些布。去吊丧时，不穿紫羔裘，不戴黑色礼帽。大年初一，一定穿着朝服上朝。

七

齐，必有明衣，布。齐必变食，居必迁坐。

（zhāi bì yǒu míng yī bù zhāi bì biàn shí jū bì qiān zuò）

译 斋戒沐浴的时候，一定有布做的浴衣。斋戒的时候，一定要改变饮食，卧室也要改变地方。

八

食不厌精，脍不厌细。食饐而餲，鱼馁而肉败，不食。色恶，不食。臭恶，不食。失饪，不食。不时，不食。割不正，不食。不得其酱，不食。肉虽多，不使胜食气。唯酒无量，不及乱。沽酒市脯不食。不撤姜食，不多食。

（shí bù yàn jīng kuài bù yàn xì shí yì ér ài yú něi ér ròu bài bù shí sè è bù shí xiù è bù shí shī rèn bù shí bù shí bù shí gē bù zhèng bù shí bù dé qí jiàng bù shí ròu suī duō bù shǐ shèng sì qì wéi jiǔ wú liàng bù jí luàn gū jiǔ shì fǔ bù shí bù chè jiāng shí bù duō shí）

译 粮食不嫌精细，鱼和肉，也尽可能切细。粮食霉烂变味，鱼和肉腐烂了，都不吃。食物变了颜色，不吃。食物气味难闻，不吃。烹调得不好，不吃。不到该吃的时候，不吃。砍割得不正，不吃。没有调味的酱料，不吃。桌上肉虽然很多，吃的量不要超过主食。只有酒不限定数量，但不能喝醉。买来的酒和肉干，不吃。姜不撤除，但不能多吃。

九

jì yú gōng bù sù ròu jì ròu bù chū sān rì chū

祭于公，不宿肉。祭肉不出三日。出

sān rì bù shí zhī yǐ

三日，不食之矣。

译 如果到公家帮助祭祀，所得到的祭肉，不能留到第二天。自己家里的祭肉，保存也不能超过三天，超过三天，就不吃了。

十

shí bù yǔ qǐn bù yán

食不语，寝不言。

译 吃饭的时候，不说话，睡觉的时候，不说话。

十一

suī shū shí cài gēng guā jì bì zhāi rú yě

虽疏食菜羹，瓜祭，必齐如也。

译 即使是吃粗米饭，喝点菜汤，吃些瓜类，临食前也要祭祀一下，并且像斋戒一样恭敬。

十二

xí bù zhèng bù zuò

席不正，不坐。

译 坐席摆得不端正，就不坐。

十三

xiāng rén yǐn jiǔ, zhàng zhě chū, sī chū yǐ.

乡人饮酒，杖者出，斯出矣。

译　乡里举行乡饮酒礼后，要等拄着拐杖的老年人都出去了，自己才出去。

十四

xiāng rén nuó, cháo fú ér lì yú zuò jiē.

乡人傩，朝服而立于阼阶。

译　乡里有人驱鬼，便穿上朝服，站在东边的台阶上。

十五

wèn rén yú tā bāng, zài bài ér sòng zhī.

问人于他邦，再拜而送之。

译　托人给在他国的朋友问好送礼，在送别受托人时，要拜两次。

十六

kāng zǐ kuì yào, bài ér shòu zhī. yuē: "qiū wèi dá, bù gǎn cháng."

康子馈药，拜而受之。曰："丘未达，不敢尝。"

译　季康子给孔子送药，孔子拜谢，然后收下了药。但是孔子说："我对这药不是很了解，所以不敢尝试服用。"

十七

jiù fén　zǐ tuì cháo　yuē　shāng rén hū　bù
厩焚。子退朝，曰：“伤人乎？”不
wèn mǎ
问马。

译　孔子的马棚失火了。孔子从朝廷回来，说：“烧伤了人吗？”不问马被烧了没有。

十八

jūn cì shí　bì zhèng xí xiān cháng zhī　jūn cì xīng　bì
君赐食，必正席先尝之。君赐腥，必
shú ér jiàn zhī　jūn cì shēng　bì xù zhī　shì shí yú jūn
熟而荐之。君赐生，必畜之。侍食于君，
jūn jì　xiān fàn
君祭，先饭。

译　国君赏赐的熟食，孔子一定摆正了座位先尝。国君赏赐的生肉，一定先煮熟了，再荐奉给祖先。国君赏赐了活的东西，一定要养着它。与国君一起吃饭，当他举行食前祭礼时，自己先吃饭。

十九

jí　jūn shì zhī　dōng shǒu　jiā cháo fú　tuō shēn
疾，君视之，东首，加朝服，拖绅。

译　孔子生病后，国君来探望，他便将脑袋朝东，把上朝的衣服盖在身上，拖着大带。

二十

jūn mìng zhào, bù sì jià xíng yǐ

君命召，不俟驾行矣。

译｜　收到国君的召令，孔子不等套好车，就先步行出发。

二十一

rù tài miào, měi shì wèn

入太庙，每事问。

译｜　孔子到了太庙，遇到每件事，都要问一下。

二十二

péng yǒu sǐ, wú suǒ guī, yuē: yú wǒ bìn

朋友死，无所归，曰：“于我殡。”

译｜　朋友去世了，没有亲人负责收敛，孔子就会说：“我来操办他的丧事。”

二十三

péng yǒu zhī kuì, suī chē mǎ, fēi jì ròu, bù bài

朋友之馈，虽车马，非祭肉，不拜。

译｜　好朋友送的礼品，如果不是祭肉，哪怕是车马，孔子在接受时，都不行拜礼。

二十四

qǐn bù shī　jū bù kè
寝不尸，居不客。

译 孔子睡觉时，不像尸体一样直躺着，居家时，容貌也不像做客时庄严。

二十五

jiàn zī cuī zhě　suī xiá　bì biàn　jiàn miǎn zhě yǔ gǔ zhě　suī xiè　bì yǐ mào　xiōng fú zhě shì zhī　shì fù bǎn zhě　yǒu shèngzhuàn　bì biàn sè ér zuò　xùn léi fēng liè bì biàn
见齐衰者，虽狎，必变。见冕者与瞽者，虽亵，必以貌。凶服者式之。式负版者。有盛馔，必变色而作。迅雷风烈必变。

译 孔子看见穿丧服的人，即使平时关系非常亲密，也一定会改变神色。看见戴礼帽的人、盲人，即使经常见面，也一定会变得很有礼貌。在坐车时，遇见穿丧服的人，必定身体向前俯，把手伏在车前的横木上。遇见背负着国家图籍的人，也把手伏在车前横木上。有丰盛的美味，一定改变神色，站立起来。遇见疾响的雷声、大风，也一定改变神色。

二十六

shēng chē bì zhèng lì zhí suí chē zhōng bù nèi
升车，必正立，执绥。车中，不内
gù bù jí yán bù qīn zhǐ
顾，不疾言，不亲指。

译 孔子登车时，一定端正地站在车旁边，然后拉着登车用的扶手带登车。在车内时，不回头看，不很快地说话，不用手指指点点。

二十七

sè sī jǔ yǐ xiáng ér hòu jí yuē shān liáng cí
色斯举矣，翔而后集。曰：“山梁雌
zhì shí zāi shí zāi zǐ lù gǒng zhī sān jù ér zuò
雉，时哉时哉！”子路共之，三嗅而作。

译 孔子一行在山谷中行走时，看见几只野鸡。野鸡发现了来人脸色不善，便飞向天空，盘旋一阵后，又都停在某个地方。孔子说：“山梁上的这些野鸡，懂得时机呀！懂得时机呀！”子路向那几只野鸡拱拱手，它们又几次惊视孔子等人，振翅飞走了。

读后感

尊敬老人

在“乡党篇”中，有句话是说孔子尊敬老人的：

乡人饮酒，杖者出，斯出矣。

孔子是个尊敬老人的人，说明他很善良。

我记得班主任李老师曾对我们说，善待老人，就是善待明天的自己。人都会变老，都需要被尊重，被关心。有的时候，我也对外公和外婆发脾气，现在想起来，真是错了。他们是最爱我的人，我应该尊重他们。

尊敬老人，其实做起来并不难。最重要的是，对他们有礼貌，就像孔子这样，让老人先走，自己才走，这样的小事情，做起来有什么难的呢？我们只要做个有心人，从一件一件小事情做起，就能成为一个尊敬老人的人。

先进篇 第十一

二十六则

导读

"先进篇"的主要内容，是孔子对自己学生的评论、教诲，特别是第二十六则"子路、曾皙、冉有、公西华侍坐"一则，不仅是《论语》中篇幅比较长的，而且由学生先做自我评价，然后孔子再点评，这很有意思。

孔子对学生的评价，不管是表扬，还是批评，都充满感情，若能仔细阅读，自然能感受得到。

比如，孔子说："从我于陈、蔡者，皆不及门也。"这是两句很短的话，但孔子的哀伤也能让读者感受得到。孔子带着自己的学生，周游列国，希望用自己的智慧，为老百姓谋幸福。但是，总是得不到赏识，有时甚至弄得非常狼狈。在经过陈国与蔡国之间的时候，孔子一行，遭到围攻，在"卫灵公篇"，就说到了当时有多危险："在陈绝粮，从者病，莫能兴。"虽然子路当时不太高兴，但是没有一个学生离开孔子，都支持、保护着孔子。现在，这些与自己共生死的学生，都不在他这里了，孔子能不伤感吗？

又比如，孔子评价闵子骞："孝哉闵子骞！人不间于其父母昆弟之言。"孔子只说，闵子骞孝顺的表现，是人们对他父母兄弟说他孝顺这样的话，都相信，不怀疑。很简单的一句话，但很有力量。曾子是一个品德高尚的人，但是，一个与他同名同姓的人，杀了人，被抓起来后，有人告诉曾子的母亲，曾子杀人了！第一次，曾子的母亲不相信；第二次，曾子的母亲还是不相信，照样在织布机上织布；第三次听说曾子杀人了，曾子的母亲就坐不住了，丢下织布梭，去询问到底是怎么回事。其实，曾子的母亲，也是对曾子信心不足啊。闵子骞的父母，就一定相信闵子骞是真正的孝顺，所以，告诉别人时态度坚决，别人也就相信闵子骞是真孝。

一

zǐ yuē xiān jìn yú lǐ yuè yě rén yě hòu jìn yú lǐ
子曰：“先进于礼乐，野人也；后进于礼

yuè jūn zǐ yě rú yòng zhī zé wú cóng xiān jìn
乐，君子也。如用之，则吾从先进。”

译 孔子说：“先学习礼乐的人，即使是非常朴野，后学习礼乐的人，即使像个君子，如果要我在这两种人中选用人才，我主张选用先学习礼乐的人。”

二

zǐ yuē cóng wǒ yú chén cài zhě jiē bù jí mén yě
子曰：“从我于陈、蔡者，皆不及门也。”

译 孔子说：“跟着我在陈国、蔡国吃亏受苦的人，都不在我这里了。”

三

dé xíng yán yuān mǐn zǐ qiān rǎn bó niú zhòng
德行：颜渊，闵子骞，冉伯牛，仲

gōng yán yǔ zǎi wǒ zǐ gòng zhèng shì rǎn yǒu
弓。言语：宰我，子贡。政事：冉有，

jì lù wén xué zǐ yóu zǐ xià
季路。文学：子游，子夏。

译 （学生中）德行好的是：颜渊，闵子骞，冉伯牛，仲弓。会说话的是：宰我，子贡。擅长政事的是：冉有，季路。熟悉典籍文献的是：子游，子夏。

四

zǐ yuē huí yě fēi zhù wǒ zhě yě yú wú yán wú suǒ bù yuè

子曰：“回也非助我者也，于吾言无所不说。”

译　孔子说：“颜回，不是有助于我的人，他对我的话，没有不喜欢的。”

五

zǐ yuē xiào zāi mǐn zǐ qiān rén bù jiàn yú qí fù mǔ kūn dì zhī yán

子曰：“孝哉闵子骞！人不间于其父母昆弟之言。”

译　孔子说：“闵子骞呀，真是个孝顺的人！连他的父母兄弟都说他孝顺，别人听了，也不反对。”

六

nán róng sān fù bái guī kǒng zǐ yǐ qí xiōng zhī zǐ qì zhī

南容三复《白圭》，孔子以其兄之子妻之。

译　南容反复诵读《白圭》这首诗，孔子便把自己的侄女嫁给了他。

七

jì kāng zǐ wèn　dì zǐ shú wéi hào xué　kǒng zǐ
季康子问："弟子孰为好学？"孔子
duì yuē　yǒu yán huí zhě hào xué　bù xìng duǎn mìng sǐ yǐ
对曰："有颜回者好学，不幸短命死矣，
jīn yě zé wú
今也则亡。"

译　季康子问孔子："你的学生中，谁最好学？"孔子回答说："有一个叫颜回的学生，非常好学，不幸的是，年纪轻轻就去世了，现在，再也没有这样的学生了。"

八

yán yuān sǐ　yán lù qǐng zǐ zhī chē yǐ wéi zhī guǒ　zǐ
颜渊死，颜路请子之车以为之椁。子
yuē　cái bù cái　yì gè yán qí zǐ yě　lǐ yě sǐ
曰："才不才，亦各言其子也。鲤也死，
yǒu guān ér wú guǒ　wú bù tú xíng yǐ wéi zhī guǒ　yǐ wú
有棺而无椁。吾不徒行以为之椁。以吾
cóng dà fū zhī hòu　bù kě tú xíng yě
从大夫之后，不可徒行也。"

译　颜渊死后，他的父亲颜路请求孔子卖掉车子，来给颜渊买外椁。孔子说："不管是有才能，还是没有才能，说起来都是儿子。我的儿子孔鲤死了，也只有内棺，没有外椁。我不能卖掉自己的车子，来替他买椁。因为我也曾经跟随在大夫之后，做过大夫，不能徒步出门呀。"

九

yán yuān sǐ zǐ yuē yī tiān sàng yú tiān sàng yú
颜渊死。子曰："噫！天丧予！天丧予！"

译　颜渊死了，孔子说："天啊！老天爷要我的命呀！老天爷要我的命呀！"

十

yán yuān sǐ zǐ kū zhī tòng cóng zhě yuē zǐ tòng
颜渊死，子哭之恸。从者曰："子恸

yǐ yuē yǒu tòng hū fēi fú rén zhī wèi tòng ér shéi
矣！"曰："有恸乎？非夫人之为恸而谁

wèi
为？"

译　颜渊死了，孔子哭得很伤心。跟从孔子的人说："您太伤心了！"孔子说："我真的很伤心吗？我不为这样的人伤心，又为谁伤心呢？"

十一

颜渊死，门人欲厚葬之。子曰：“不可。”门人厚葬之。子曰：“回也视予犹父也，予不得视犹子也。非我也，夫二三子也。”

译 颜渊死了，孔子的学生们想要厚葬他。孔子说：“不可以。”但学生们仍然厚葬颜回。孔子说：“颜回把我当成父亲看待，我却不能把他当儿子看待。不是我要这么干呀，是那些同学的主意。”

十二

季路问事鬼神。子曰：“未能事人，焉能事鬼？”曰：“敢问死。”曰：“未知生，焉知死？”

译 子路问如何服事鬼神。孔子说：“人都服事不好，怎么能服事好鬼呢？”

子路又问：“我大胆地请问一下‘死’。”孔子说：“连生的道理都没弄清楚，又如何知道死是怎么回事呢？”

十三

mǐn zǐ shì cè, yín yín rú yě; zǐ lù, hàng hàng rú yě; rǎn yǒu、zǐ gòng, kǎn kǎn rú yě。zǐ lè。“ruò yóu yě, bù dé qí sǐ rán。”

闵子侍侧，訚訚如也；子路，行行如也；冉有、子贡，侃侃如也。子乐。“若由也，不得其死然。”

译　闵子骞侍奉在孔子身旁，显得恭敬、正直；子路显得刚强、有力；冉有、子贡显得温和、快乐。孔子非常高兴。但又说：“仲由这样呀，怕不得好死。”

十四

lǔ rén wéi cháng fǔ。mǐn zǐ qiān yuē:“réng jiù guàn, rú zhī hé? hé bì gǎi zuò?”zǐ yuē:“fú rén bù yán, yán bì yǒu zhòng。”

鲁人为长府。闵子骞曰：“仍旧贯，如之何？何必改作？”子曰：“夫人不言，言必有中。”

译　鲁国人要重新修缮长府这个金库。闵子骞说：“照着老样子，不好吗？为什么一定要修缮呢？”孔子说：“闵子骞这个人，平时不太爱说话，但只要一开口，就能一语中的。”

十五

zǐ yuē yóu zhī sè xī wèi yú qiū zhī mén mén
子曰："由之瑟奚为于丘之门？"门
rén bù jìng zǐ lù zǐ yuē yóu yě shēng táng yǐ wèi
人不敬子路。子曰："由也升堂矣，未
rù yú shì yě
入于室也。"

译 孔子说："仲由弹奏瑟这种乐器，干嘛到我这里弹呢？"学生们因此看不起子路。孔子又说："仲由呀，已经升入堂中，只是还没进入室中。"

十六

zǐ gòng wèn shī yǔ shāng yě shú xián zǐ yuē
子贡问："师与商也孰贤？"子曰：
shī yě guò shāng yě bù jí yuē rán zé shī yù
"师也过，商也不及。"曰："然则师愈
yú zǐ yuē guò yóu bù jí
与？"子曰："过犹不及。"

译 子贡问孔子："颛孙师（子张）、卜商（子夏）这两个人，谁更贤能？"孔子说："颛孙师呢，有些过头了；卜商呢，又有些赶不上。"子贡说："这么说，颛孙师贤能一些吧？"孔子说："过头了和赶不上，都不好。"

十七

jì shì fù yú zhōu gōng ér qiú yě wèi zhī jù liǎn ér
季氏富于周公，而求也为之聚敛而
fù yì zhī zǐ yuē fēi wú tú yě xiǎo zǐ míng gǔ
附益之。子曰：“非吾徒也。小子鸣鼓
ér gōng zhī kě yě
而攻之，可也。”

译 季氏这个人，比周公还富有，但是，冉求还替他到处搜括，增加他的财富。孔子说：“冉求不再是我的学生了，你们这些学生可以大张旗鼓攻击他。”

十八

chái yě yú shēn yě lǔ shī yě pì yóu yě yàn
柴也愚，参也鲁，师也辟，由也喭。

译 孔子的学生中，高柴比较愚笨，曾参有点迟钝，颛孙师有些偏激，仲由比较卤莽。

十九

zǐ yuē huí yě qí shù hū lǚ kōng cì bù shòu
子曰：“回也其庶乎，屡空。赐不受
mìng ér huò zhí yān yì zé lǚ zhòng
命，而货殖焉，亿则屡中。”

译 孔子说：“颜回的学问和道德，都差不多了，可是常常生活在穷困中。端木赐对学问不能完全领会，但他善于经营商业，猜测行情时，每每都能猜中。”

二十

zǐ zhāng wèn shàn rén zhī dào zǐ yuē bù jiàn jì
子张问善人之道。子曰:“不践迹,
yì bù rù yú shì
亦不入于室。”

译 子张问做善人的方法。孔子说:“善人不踩着前人的脚印前行,也不进入室内。”

二十一

zǐ yuē lùn dǔ shì yǔ jūn zǐ zhě hū sè zhuāng
子曰:“论笃是与,君子者乎?色庄
zhě hū
者乎?”

译 孔子说:“听他说话、谈论诚实,便赞许这种人,谁知道这种人是真正的君子呢?还是容貌假装庄重的人呢?”

二十二

子路问："闻斯行诸？"子曰："有父兄在，如之何其闻斯行之？"冉有问："闻斯行诸？"子曰："闻斯行之。"公西华曰："由也问闻斯行诸，子曰，'有父兄在'，求也问闻斯行诸，子曰，'闻斯行之'。赤也惑，敢问。"子曰："求也退，故进之；由也兼人，故退之。"

译 子路问孔子："一听说要做某件事，就马上干起来吗？"孔子回答说："父亲、兄长还健在，哪能听到就干呢？"冉有也问："一听说要做某件事，就马上干起来吗？"孔子道："对，一听到就干起来。"公西华说："仲由问您，一听说要做某件事，就马上干起来吗？您说'父亲、兄长还健在，哪能听到就干'。冉求问您，一听说要做某件事，就马上干起来吗？您说'对，听到就干起来'。这我就迷惑了，两个人的问题完全相同，您的回答却完全相反，所以我斗胆来问问您。"孔子说："冉求平时做事胆小，所以我激他前进；仲由的胆量倍儿大，敢做敢为，所以我要拉他退一下。"

二十三

zǐ wèi yú kuāng yán yuān hòu zǐ yuē wú yǐ rǔ
子畏于匡，颜渊后。子曰：“吾以女
wéi sǐ yǐ yuē zǐ zài huí hé gǎn sǐ
为死矣。”曰：“子在，回何敢死？”

译 孔子在匡这个地方被包围，颜渊最后才来。孔子说：“我以为你死了。”颜渊回答说：“老师您还活着，我颜回哪敢死啊？”

二十四

jì zǐ rán wèn zhòng yóu rǎn qiú kě wèi dà chén
季子然问：“仲由、冉求可谓大臣
yú zǐ yuē wú yǐ zǐ wéi yì zhī wèn céng yóu yǔ
与？”子曰：“吾以子为异之问，曾由与
qiú zhī wèn suǒ wèi dà chén zhě yǐ dào shì jūn bù kě
求之问。所谓大臣者，以道事君，不可
zé zhǐ jīn yóu yǔ qiú yě kě wèi jù chén yǐ yuē
则止。今由与求也，可谓具臣矣。”曰：
rán zé cóng zhī zhě yú zǐ yuē shì fù yǔ jūn
“然则从之者与？”子曰：“弑父与君，
yì bù cóng yě
亦不从也。”

译 季子然问孔子：“仲由和冉求可算是大臣了吧？”孔子回答说：“我以为你是问别人，原来是问仲由和冉求。所说的大臣，用道德仁义事奉君主，如果这样做行不通，就辞职不干。如今仲由和冉求这两个人，只能说具备当臣的基本资格了。”季子然又问：“那么，他们一切都服从上级吗？”孔子说：“杀死父亲、杀死君主，这样的事情，他们是不会服从的。”

二十五

zǐ lù shǐ zǐ gāo wéi bì zǎi zǐ yuē zéi fú rén
子路使子羔为费宰。子曰："贼夫人
zhī zǐ zǐ lù yuē yǒu mín rén yān yǒu shè jì yān
之子。"子路曰："有民人焉，有社稷焉，
hé bì dú shū rán hòu wéi xué zǐ yuē shì gù wù
何必读书，然后为学？"子曰："是故恶
fú nìng zhě
夫佞者。"

译 子路叫子羔去费地做长官。孔子说："这会害了那个年轻人。"子路说："那里有老百姓，有土地神和谷神，为什么一定要读书，才能说是学习呢？"孔子说："所以我讨厌伶牙利齿的人。"

二十六

zǐ lù zēng xī rǎn yǒu gōng xī huá shì zuò
子路、曾皙、冉有、公西华侍坐。

zǐ yuē yǐ wú yī rì zhǎng hū ěr wú wú yǐ
子曰："以吾一日长乎尔，毋吾以
yě jū zé yuē bù wú zhī yě rú huò zhī ěr
也。居则曰：'不吾知也！'如或知尔，
zé hé yǐ zāi
则何以哉？"

zǐ lù shuài ěr ér duì yuē qiān shèng zhī guó shè hū
子路率尔而对曰："千乘之国，摄乎
dà guó zhī jiān jiā zhī yǐ shī lǚ yīn zhī yǐ jī jǐn
大国之间，加之以师旅，因之以饥馑；
yóu yě wéi zhī bǐ jí sān nián kě shǐ yǒu yǒng qiě zhī
由也为之，比及三年，可使有勇，且知
fāng yě fū zǐ shěn zhī
方也。"夫子哂之。

译 子路、曾皙、冉有、公西华四个学生陪侍孔子坐着。

孔子说："我年龄比你们大，不要拘谨，放不开。你们平时总说：'是人家不了解我呀！'现在，假如有人要了解你们，那你们打算怎么办？"

子路不加思索地回答："有一千辆兵车的国家，被几个大国夹在中间，外面又有军队侵犯，国内还有饥荒；我去治理这样的国家，只要三年时间，就可以使人人勇敢，并且懂道义。"孔子听完后，微微一笑。

qiú ěr hé rú duì yuē fāng liù qī shí

“求！尔何如？”对曰：“方六七十，

rú wǔ liù shí qiú yě wéi zhī bǐ jí sān nián kě shǐ

如五六十，求也为之，比及三年，可使

zú mín rú qí lǐ yuè yǐ sì jūn zǐ

足民。如其礼乐，以俟君子。”

译　“冉求，你怎么样？”孔子问。冉求回答说：“方圆六七十里，或者五六十里的小国，让我去治理，只要三年时间，就可以使人民富足。至于礼乐这些方面，就只有等贤人君子来实现了。”

chì ěr hé rú duì yuē fēi yuē néng zhī

“赤！尔何如？”对曰：“非曰能之，

yuàn xué yān zōng miào zhī shì rú huì tóng duān zhāng fǔ

愿学焉。宗庙之事，如会同，端章甫，

yuàn wéi xiǎo xiàng yān

愿为小相焉。”

译　“公西赤！你怎么样？”孔子又问。公西赤回答说：“我不敢说很能干，但我愿意学习这些：祭祀的事，或者与诸侯会盟，我愿意穿着礼服，戴着礼帽，做一个小的相礼者。”

diǎn ěr hé rú gǔ sè xī kēng ěr shě
“点！尔何如？” 鼓瑟希，铿尔，舍

sè ér zuò duì yuē yì hū sān zǐ zhě zhī zhuàn zǐ
瑟而作，对曰：“异乎三子者之撰。”子

yuē hé shāng hū yì gè yán qí zhì yě yuē mù
曰：“何伤乎？亦各言其志也。”曰：“莫

chūn zhě chūn fú jì chéng guàn zhě wǔ liù rén tóng zǐ liù
春者，春服既成，冠者五六人，童子六

qī rén yù hū yí fēng hū wǔ yú yǒng ér guī fū
七人，浴乎沂，风乎舞雩，咏而归。”夫

zǐ kuì rán tàn yuē wú yǔ diǎn yě
子喟然叹曰：“吾与点也！”

译　“曾点（曾皙）！你怎么样？”孔子又问。曾皙正在弹奏瑟这种乐器，正接近尾声了，“铿”的一声，把瑟放下，站起来说：“我与其他三位同学所说的不同。”孔子说：“有什么关系呢？只不过是每个人都说一下自己的志向呀！”曾皙便说：“暮春三月，春天衣服都穿上身了，和五六个成年人，六七个小孩，在沂水旁边洗洗澡，在舞雩台上吹吹风，然后唱着歌儿，回家去。”孔子长叹一声说：“我赞同曾点的主张呀！”

sān zǐ zhě chū zēng xī hòu zēng xī yuē fú sān
三子者出，曾皙后。曾皙曰：“夫三
zǐ zhě zhī yán hé rú zǐ yuē yì gè yán qí zhì yě
子者之言何如？”子曰：“亦各言其志也
yǐ yǐ yuē fū zǐ hé shěn yóu yě yuē wéi
已矣。”曰：“夫子何哂由也？”曰：“为
guó yǐ lǐ qí yán bù ràng shì gù shěn zhī wéi qiú
国以礼，其言不让，是故哂之。”“唯求
zé fēi bāng yě yú ān jiàn fāng liù qī shí rú wǔ liù shí
则非邦也与？”“安见方六七十如五六十
ér fēi bāng yě zhě wéi chì zé fēi bāng yě yú zōng
而非邦也者？”“唯赤则非邦也与？”“宗
miào huì tóng fēi zhū hóu ér hé chì yě wéi zhī xiǎo shú
庙会同，非诸侯而何？赤也为之小，孰
néng wéi zhī dà
能为之大？”

译 子路、冉有、公西华三人都出来了，曾皙后走。曾皙问孔子：“那三位同学说的话怎么样？”孔子回答说：“只不过是每个人都说一下自己的志向罢了。”曾皙又问：“您为什么笑仲由呢？”孔子回答说：“治理好一个国家，应该讲礼让，可是仲由一点都不谦虚，所以笑他。”曾皙又问：“难道冉求所讲的不是国家吗？”

孔子回答说：“方圆六七十里，或者五六十里的地方，怎么就不是一个国家呢？”

曾皙又问：“公西赤所讲的不是国家吗？”孔子回答说：“有宗庙，有会盟，不是国家是什么？像公西赤这样的人，只做一个小司仪，谁来做大司仪呢？”

读后感

过犹不及

“过犹不及”是个成语。它乍一听，好像说得不对，仔细一想，又正确极了。

这个成语，正是出自“先进篇”：

子贡问：“师与商也孰贤？”子曰：“师也过，商也不及。”曰：“然则师愈与？”子曰：“过犹不及。”

孔子的意思，就是说超过太多与差得太远，都是不好的事。

这句话对我们，其实很有启发。

比如，我们玩电子游戏。如果适当地玩，我们能学到知识，也能享受游戏的快乐。但是，有的同学一次玩很长时间，或者天天玩，这就过分了，不仅损害视力，影响身体健康，更影响学习，害处可大了。

在“雍也篇”中，也有个这样的故事，说的是仲弓向孔子请教，子桑伯子是个什么样的人。孔子说：“这人不错，很简单。”仲弓说：“子桑伯子平时态度恭敬，办事情时简单，不复杂，这样来治理百姓，不也可以吗？如果平时态度散漫，又处事简单，这不就太简单了吗？”孔子认为，这个说法很正确，太简单，就是过于简单了，不能取得好的效果。

“过犹不及”，就是告诉我们，做什么事情，都要掌握好度。

颜渊篇

第十二

二十四则

导读

“颜渊篇”的主要内容，是孔子向颜回等讲什么是“仁”，以及如何治理国家。

颜回是孔子最喜欢的学生，在《论语》中，几乎看不到孔子对颜回的批评，全部都是表扬，孔子甚至有一次与子贡交谈时，问子贡：“你与颜回哪个更聪明？”子贡认为自己根本无法与颜回相比，颜回从一点出发，可以知道十点，自己从一点出发，只知道两点。孔子当时就感慨地说：不仅是你子贡不如颜回，就是我，作为老师，也不如他。这次对话出现在《论语》的“公冶长篇”，可以回过头去再读一读。

颜回是个真正有仁德的人，他的这种品格，一直在他的后代中流传，颜家的后代中，名人很多。例如，颜之推写出了《颜氏家训》，被称为“家训之祖”，对中国人的影响非常大。又例如颜真卿，不仅是大书法家，而且为人正直，忠于国家，70 多岁了，还替国家出征，是历代人都敬仰的名人。

在“颜渊篇”中，孔子所说的话，有不少成为治理国家的名言，比如，“政者，正也”。孔子认为，一个官员，一个治理国家的人，公正、正直，是最基本的品格。历史上，这样的名人很多，如包拯，老百姓称他为“包青天”，就是因为他正直。他曾经写过一首诗，题目叫《明志》，开头的两句是：“清心为治本，直道是身谋。”包拯还将自己的正直，传递给他的后代，他曾经立下规矩，他的后代中，如果做官贪污，就永远不是包家的子孙。

读“颜渊篇”，就是要感受这样的正能量。

一

yán yuān wèn rén　zǐ yuē　kè jǐ fù lǐ wéi rén
颜渊问仁。子曰："克己复礼为仁。
yī rì kè jǐ fù lǐ　tiān xià guī rén yān　wéi rén yóu jǐ
一日克己复礼，天下归仁焉。为仁由己，
ér yóu rén hū zāi
而由人乎哉？"

yán yuān yuē　qǐng wèn qí mù　zǐ yuē　fēi lǐ
颜渊曰："请问其目。"子曰："非礼
wù shì　fēi lǐ wù tīng　fēi lǐ wù yán　fēi lǐ wù dòng
勿视，非礼勿听，非礼勿言，非礼勿动。"

yán yuān yuē　huí suī bù mǐn　qǐng shì sī yǔ yǐ
颜渊曰："回虽不敏，请事斯语矣。"

译　颜渊（颜回）向孔子请教仁德。孔子说："约束自己，使言语行动都符合礼仪规范，就是仁。一旦做到了这一点，天下的人都会走向仁德。实践仁德，完全在于自己，还能依靠别人吗？"

颜渊说："请问详细的纲领。"孔子说："不符合礼仪的事不看，不符合礼仪的话不听，不合礼仪的话不说，不合礼仪的事不做。"

颜渊说："我虽然不聪明，也要实践您的这些话。"

二

zhònggōng wèn rén zǐ yuē chū mén rú jiàn dà bīn
仲弓问仁。子曰："出门如见大宾，

shǐ mín rú chéng dà jì jǐ suǒ bù yù wù shī yú rén
使民如承大祭。己所不欲，勿施于人。

zài bāng wú yuàn zài jiā wú yuàn
在邦无怨，在家无怨。"

zhònggōng yuē yōng suī bù mǐn qǐng shì sī yǔ yǐ
仲弓曰："雍虽不敏，请事斯语矣。"

译 仲弓向孔子请教仁德。孔子说："平时出门，都要像去接待贵宾，使老百姓做事，好像承担重大祭祀。自己不想要的东西，也不强加给别人。在邦国中没有怨恨，在家族中也没有怨恨。"

仲弓说："我虽然不聪明，但也要实践您的这些话。"

三

sī mǎ niú wèn rén zǐ yuē rén zhě qí yán yě
司马牛问仁。子曰："仁者，其言也

rèn
讱。"

yuē qí yán yě rèn sī wèi zhī rén yǐ hū
曰："其言也讱，斯谓之仁已乎？"

zǐ yuē wéi zhī nán yán zhī dé wú rèn hū
子曰："为之难，言之得无讱乎？"

译 司马牛向孔子请教仁德。孔子说："一个有仁德的人，他说话有点迟钝。"

司马牛说："说话迟钝，这就叫作仁了吗？"孔子说："做起来很难，说话能不迟钝吗？"

四

sī mǎ niú wèn jūn zǐ zǐ yuē jūn zǐ bù yōu bù jù
司马牛问君子。子曰：“君子不忧不惧。”

yuē bù yōu bù jù sī wèi zhī jūn zǐ yǐ hū
曰：“不忧不惧，斯谓之君子已乎？”

zǐ yuē nèi xǐng bù jiù fú hé yōu hé jù
子曰：“内省不疚，夫何忧何惧？”

译 司马牛问孔子，怎样才能成为一个君子。孔子说：“君子不忧愁，不畏惧。”司马牛说：“快乐，不畏惧，这样就可以成为君子了吗？”孔子说：“问心无愧，有什么忧愁和畏惧的呢？”

五

sī mǎ niú yōu yuē rén jiē yǒu xiōng dì wǒ dú
司马牛忧曰：“人皆有兄弟，我独
wú zǐ xià yuē shāng wén zhī yǐ sǐ shēng yǒu mìng
亡。”子夏曰：“商闻之矣：死生有命，
fù guì zài tiān jūn zǐ jìng ér wú shī yǔ rén gōng ér yǒu
富贵在天。君子敬而无失，与人恭而有
lǐ sì hǎi zhī nèi jiē xiōng dì yě jūn zǐ hé huàn
礼。四海之内，皆兄弟也——君子何患
hū wú xiōng dì yě
乎无兄弟也？”

译 司马牛忧愁地说：“别人都有好兄弟，唯独我没有。”子夏说：“我听说过：死、生要听从命运安排，富、贵由老天爷作主。君子只要做到严肃认真，没有过失，对待别人恭敬有礼，天底下到处都是好兄弟——君子又何必担心没有好兄弟呢？”

六

zǐ zhāng wèn míng zǐ yuē jìn rùn zhī zèn fū shòu zhī
子张问明。子曰：“浸润之谮，肤受之
sù bù xíng yān kě wèi míng yě yǐ yǐ jìn rùn zhī zèn fū
愬，不行焉，可谓明也已矣。浸润之谮，肤
shòu zhī sù bù xíng yān kě wèi yuǎn yě yǐ yǐ
受之愬，不行焉，可谓远也已矣。”

译 子张请教孔子，怎样做才能明察秋毫。孔子说：“对那些一点点积累起来的谗言，对那些完全没有根据的诬告，都能抵御，不接受，就可以说是明察秋毫了。对那些一点点积累起来的谗言，对那些完全没有根据的诬告，都能抵御，不接受，就可以说是有远见了。”

七

zǐ gòng wèn zhèng zǐ yuē zú shí zú bīng mín
子贡问政。子曰："足食，足兵，民
xìn zhī yǐ
信之矣。"

zǐ gòng yuē bì bù dé yǐ ér qù yú sī sān zhě
子贡曰："必不得已而去，于斯三者
hé xiān yuē qù bīng
何先？"曰："去兵。"

zǐ gòng yuē bì bù dé yǐ ér qù yú sī èr zhě
子贡曰："必不得已而去，于斯二者
hé xiān yuē qù shí zì gǔ jiē yǒu sǐ mín wú
何先？"曰："去食。自古皆有死，民无
xìn bù lì
信不立。"

译 子贡向孔子请教怎样治理政事。孔子说："粮食充足，军事力量充足，老百姓信任政府。"

子贡说："如果一定要去掉一种，在这三种中先去掉哪一种？"孔子说："去掉军事力量。"

子贡说："如果一定要在剩下的两种中，再去掉一种，先去掉哪一种？"孔子说："去掉粮食。自古至今，谁都会死，但如果老百姓对政府失去信心，国家就站不起来了。"

八

jí zǐ chéng yuē jūn zǐ zhì ér yǐ yǐ hé yǐ wén
棘子成曰："君子质而已矣，何以文

wéi zǐ gòng yuē xī hū fū zǐ zhī shuō jūn zǐ
为？"子贡曰："惜乎，夫子之说君子

yě sì bù jí shé wén yóu zhì yě zhì yóu wén yě
也！驷不及舌。文犹质也，质犹文也。

hǔ bào zhī kuò yóu quǎn yáng zhī kuò
虎豹之鞟犹犬羊之鞟。"

译 棘子成说："君子只要本质好就够了，要那些外表的文饰干什么？"子贡说："您老人家这样来形容君子，就有点可惜了。您这话一说，就是四匹骏马，也追不上您的舌头。人的本质和人的外貌装饰，是同样重要的。假若把虎皮和豹皮彩色的毛拔掉，就和狗皮、羊皮没什么区别了。"

九

āi gōng wèn yú yǒu ruò yuē niánjī yòng bù zú rú zhī hé

哀公问于有若曰：“年饥，用不足，如之何？”

yǒu ruò duì yuē hé chè hū

有若对曰：“盍彻乎？”

yuē èr wú yóu bù zú rú zhī hé qí chè yě

曰：“二，吾犹不足，如之何其彻也？”

duì yuē bǎi xìng zú jūn shú yǔ bù zú bǎi xìng bù zú jūn shú yǔ zú

对曰：“百姓足，君孰与不足？百姓不足，君孰与足？”

译

鲁哀公问有若：“碰上饥荒，国家物资不足，应该怎么办？”

有若回答说：“何不只收十分之一的田租呢？”

哀公说：“我现在收十分之二，还觉得不够，怎么能改成十分之一呢？”

有若回答说：“如果老百姓富足了，您怎么会不够呢？如果老百姓不富足，您又怎么会够呢？”

十

zǐ zhāng wèn chóng dé biàn huò zǐ yuē zhǔ zhōng xìn
子张问崇德辨惑。子曰：“主忠信，
xǐ yì chóng dé yě ài zhī yù qí shēng wù zhī yù qí
徙义，崇德也。爱之欲其生，恶之欲其
sǐ jì yù qí shēng yòu yù qí sǐ shì huò yě chéng
死。既欲其生，又欲其死，是惑也。‘诚
bù yǐ fù yì zhǐ yǐ yì
不以富，亦祇以异。’”

译 子张请教孔子，如何做，才能推崇道德、明辨是非。孔子说：“以忠诚守信为主，只跟随道义，这样就可以推崇道德。喜欢一个人，就希望他活着；讨厌起来，又恨不得他死掉。既要他活着，又要他死掉，这就是不能明辨是非。这样，‘不但对自己毫无益处，还只能让人觉得奇怪。’”

十一

qí jǐng gōng wèn zhèng yú kǒng zǐ kǒng zǐ duì yuē jūn
齐景公问政于孔子。孔子对曰：“君
jūn chén chén fù fù zǐ zǐ gōng yuē shàn zāi
君，臣臣，父父，子子。”公曰：“善哉！
xìn rú jūn bù jūn chén bù chén fù bù fù zǐ bù zǐ
信如君不君，臣不臣，父不父，子不子，
suī yǒu sù wú dé ér shí zhū
虽有粟，吾得而食诸？”

译 齐景公向孔子请教如何治理国家。孔子回答说：“君主要像君主，大臣要像大臣，父亲要像父亲，儿子要像儿子。”齐景公说：“对呀！假如真是君不像君，臣不像臣，父不像父，子不像子，即使粮食再多，我能吃得着吗？”

十二

zǐ yuē piàn yán kě yǐ zhé yù zhě, qí yóu yě yú? zǐ lù wú sù nuò

子曰：“片言可以折狱者，其由也与？”子路无宿诺。

㊄ 孔子说：“仅根据片面的话，就可以判决案件的，大概只有仲由吧！”子路答应了的事，从不拖延。

十三

zǐ yuē tīng sòng, wú yóu rén yě. bì yě shǐ wú sòng hū

子曰：“听讼，吾犹人也。必也使无讼乎！”

㊄ 孔子说：“审理案件，我与别人一样。一定要使案件消失，这才是最好吧。”

十四

zǐ zhāng wèn zhèng. zǐ yuē jū zhī wú juàn, xíng zhī yǐ zhōng

子张问政。子曰：“居之无倦，行之以忠。”

㊄ 子张向孔子请教如何治理国家。孔子说：“在自己的职位上，尽心尽力，执行政令，完全出于忠诚的心。”

十五

zǐ yuē bó xué yú wén, yuē zhī yǐ lǐ, yì kě
子曰：“博学于文，约之以礼，亦可
yǐ fú pàn yǐ fú
以弗畔矣夫！”

译 孔子说：“作为君子，应该广泛地学习文献，用礼仪规范约束自己，就不会离经叛道了。”

十六

zǐ yuē jūn zǐ chéng rén zhī měi, bù chéng rén zhī
子曰：“君子成人之美，不成人之
è xiǎo rén fǎn shì
恶。小人反是。”

译 孔子说：“君子成全别人的好事，不促成别人的坏事。小人的做法正好相反。”

十七

jì kāng zǐ wèn zhèng yú kǒng zǐ kǒng zǐ duì yuē zhèng
季康子问政于孔子。孔子对曰：“政
zhě zhèng yě zǐ shuài yǐ zhèng shú gǎn bù zhèng
者，正也。子帅以正，孰敢不正？”

译 季康子向孔子请教治理国家。孔子回答说：“政，就是端正的意思。如果您自己端正了，谁还敢不端正呢？”

十八

jì kāng zǐ huàn dào wèn yú kǒng zǐ kǒng zǐ duì yuē

季康子患盗，问于孔子。孔子对曰：

gǒu zǐ zhī bù yù suī shǎng zhī bù qiè

“苟子之不欲，虽赏之不窃。”

译 季康子苦于盗贼太多，向孔子请教解决的办法。孔子回答说：“如果您不贪求这样的财货，就是奖励别人去偷，别人也不会干。”

十九

jì kāng zǐ wèn zhèng yú kǒng zǐ yuē rú shā wú dào

季康子问政于孔子曰：“如杀无道，

yǐ jiù yǒu dào hé rú kǒng zǐ duì yuē zǐ wéi

以就有道，何如？”孔子对曰：“子为

zhèng yān yòng shā zǐ yù shàn ér mín shàn yǐ jūn zǐ zhī

政，焉用杀？子欲善而民善矣。君子之

dé fēng xiǎo rén zhī dé cǎo cǎo shàng zhī fēng bì yǎn

德风，小人之德草。草上之风，必偃。”

译 季康子向孔子请教政治，说：“假如杀掉无道的人，依靠有道的人，怎么样？”孔子回答说：“您治理国家，为什么要使用杀人这种方式呢？您一心追求善，老百姓自然会追求善。君子的行为就像风，小人的行为就像草。风从草上吹过，风向哪边吹，草就向哪边倒。”

二十

子张问："士何如斯可谓之达矣？"子曰："何哉，尔所谓达者？"子张对曰："在邦必闻，在家必闻。"子曰："是闻也，非达也。夫达也者，质直而好义，察言而观色，虑以下人。在邦必达，在家必达。夫闻也者，色取仁而行违，居之不疑。在邦必闻，在家必闻。"

译 子张问孔子："士人要怎样做，才可以叫作'达'？"孔子说："你所说的达，是指什么呢？"子张说："在诸侯国做官时，有好的名声，在卿大夫家做官时，也有好的名声。"孔子说："这叫'闻'，不叫达。所谓达，就是有正直的品质，喜欢道义，善于分析别人说过的话，观察别人的神情，内心谦虚，懂得对别人退让。在诸侯国做官时，行得通，在大夫家做官时，也行得通。所谓'闻'，表面上假装爱好仁德，而在行动上违背仁德，这样做，还心安理得。这种人，在诸侯国做官时，只会骗取名声，在卿大夫家做官时，也只会骗取名声。"

二十一

fán chí cóng yóu yú wǔ yú zhī xià yuē gǎn wèn chóng
樊迟从游于舞雩之下，曰：“敢问崇

dé xiū tè biàn huò zǐ yuē shàn zāi wèn xiān
德，修慝，辨惑。”子曰：“善哉问！先

shì hòu dé fēi chóng dé yú gōng qí è wú gōng rén zhī
事后得，非崇德与？攻其恶，无攻人之

è fēi xiū tè yú yī zhāo zhī fèn wàng qí shēn yǐ
恶，非修慝与？一朝之忿，忘其身，以

jí qí qīn fēi huò yú
及其亲，非惑与？”

译 樊迟陪着孔子，在舞雩台下游玩时说：“请问怎样推崇道德，消除隐藏在心中的怨恨，辨别哪些是糊涂的事。”孔子说：“问得好呀！先劳动，后收获，不是推崇道德了吗？批评自己的不足，不批评他人的不足，不是就能消除隐藏在心中的怨恨吗？因为偶然的愤怒，便不知道自己是谁，甚至也忘记了爹娘，不是糊涂吗？”

二十二

fán chí wèn rén　zǐ yuē　ài rén　wèn zhì　zǐ
樊迟问仁。子曰："爱人。"问知。子
yuē　zhī rén
曰："知人。"

fán chí wèi dá　zǐ yuē　jǔ zhí cuò zhū wǎng　néng
樊迟未达。子曰："举直错诸枉，能
shǐ wǎng zhě zhí
使枉者直。"

fán chí tuì　jiàn zǐ xià yuē　xiàng yě wú jiàn yú fū
樊迟退，见子夏曰："乡也吾见于夫
zǐ ér wèn zhì　zǐ yuē　jǔ zhí cuò zhū wǎng　néng shǐ
子而问知，子曰，'举直错诸枉，能使
wǎng zhě zhí　hé wèi yě
枉者直'，何谓也？"

zǐ xià yuē　fù zāi yán hū　shùn yǒu tiān xià　xuǎn
子夏曰："富哉言乎！舜有天下，选
yú zhòng　jǔ gāo yáo　bù rén zhě yuǎn yǐ　tāng yǒu tiān xià
于众，举皋陶，不仁者远矣。汤有天下，
xuǎn yú zhòng　jǔ yī yǐn　bù rén zhě yuǎn yǐ
选于众，举伊尹，不仁者远矣。"

译　樊迟问什么是仁德。孔子回答说："爱他人。"又问什么是智慧。孔子回答说："善于识别人。"

樊迟没有理解透孔子的话。孔子说："使用正直的人，废用邪恶的人，就能够使邪恶的人正直。"

樊迟退出来后，找到子夏，说："刚才我去见老师，向他请教什么是智慧，他说，'使用正直的人，废用邪恶的人，就能够使邪恶的人正直。'这是什么意思呢？"

子夏说："真是意义丰富的话呀！舜拥有了天下，从众多人中挑选，结果选出了皋陶，坏人也就远离了。汤拥有了天下，在众多人中挑选，结果选出了伊尹，坏人也就远离了。"

二十三

zǐ gòng wèn yǒu　zǐ yuē　zhōng gù ér shàn dào zhī
子贡问友。子曰：“忠告而善道之，

bù kě zé zhǐ　wú zì rǔ yān
不可则止，毋自辱焉。”

译　子贡向孔子请教，如何对待朋友。孔子说：“忠心地劝告，好好地引导，他要是不听，也就算了，不要自找侮辱。”

二十四

zēng zǐ yuē　jūn zǐ yǐ wén huì yǒu　yǐ yǒu fǔ rén
曾子曰：“君子以文会友，以友辅仁。”

译　曾子说：“君子用文章学问来结交朋友，用朋友来帮助培养仁德。”

读后感

我评价颜回

我读完《论语》后，对颜回的人格、思想、品德，有以下的评价。

颜回是鲁国人，字子渊，《史记》中的“仲尼弟子列传第七”中记载着：“颜回者，鲁人也。少孔子三十岁。”

我认为颜回的第一个突出特点是：贤。《论语》中的“雍也篇”有两个地方记载着这个特点，第一是：“子曰：贤哉，回也！一箪食，一瓢饮，在陋巷。人不堪其忧，回也不改其乐。贤哉，回也！”第二是：“回也，其心三月不违仁，其余则日月至焉而已矣。”孔子的这两句话，都是用来说明颜回的贤。孔子很少使用“贤”来评价自己的学生，这说明颜回在孔子的眼里，是特别优秀的。

颜回的第二个突出特点，我认为是：能吃苦耐劳。正如上文所说到的：颜回就一碗米饭，一杯清水，居住在很简陋的地方，就生活得非常快乐。一般人可吃不了这个苦！

颜回的第三个显著特点是：聪明。《论语》中的“述而篇”和“公冶长篇”，有两处地方记载颜回的聪明。第一，“子曰：吾与回言终日，不违，如愚。退而省其私，亦足以发，回也不愚。”第二，“子谓子贡曰：‘女与回也孰愈？’对曰：‘赐也何敢望回？回也闻一以知十，赐也闻一以知二。’子曰：‘弗如也！吾与女弗如也。’”前一处说明，颜回能反思自己，不愚；后一处说明，颜回能触类旁通，更有智慧。

颜回的第四个显著特点是：善于观察时世。在《论语》的“述而篇”中，有一个地方写到了颜回的这个特点：“子谓颜渊曰：用之则行，舍之则藏，唯我与尔有是夫。”颜回知道，国家需要自己的时候，便随时准备报效国家，不需要自己的时候，便修养内心，强大自己。

当然，颜回有两个最突出的特点，更值得我们学习。

第一是好学。《论语》的“雍也篇”有一处记载，就是讲颜回的好学。“哀公问：‘弟子孰为好学？’孔子对曰：‘有颜回者好学，不迁怒，不贰过，不幸短命死矣，今也则亡，未闻好学者也。’”颜回的好学精神对我有很大的启发，我们应该向颜回学习，成为一个好学不倦的人。

第二是知道吸取教训，不犯重复的错误。正如上面所说的，颜回“不贰过”，即不犯重复的错误。孔子认为，不犯重复的错误，就是好学，这是很有启发意义的。在我们的学习生活中，认真对待错误，善于总结经验教训，犯一不犯二，不是很重要吗！

这就是我从《论语》中读到的颜回。

子路篇 第十三 三十则

导读

“子路篇”的主要内容，是孔子讲如何治理国家，如何做人。

子路是个有趣的人，很多人都喜欢子路。钱锺书曾对杨绛说：“你觉得吗？孔子最喜欢子路。”杨绛非常赞同钱锺书的说法，并且认为，“孔子最爱重颜渊，却偏宠子路。”

其实，子路经常受到孔子的批评，他有可能是挨批评最多的学生。有时候，孔子刚表扬完子路，他还没高兴完，批评就来了。比如，在“公冶长篇”中，孔子说，如果没有人重用自己，他只能流浪海外了，这时候，可能只有子路会跟随他。子路听了，很得意，但孔子马上就批评他，子路，只是比我勇猛而已。估计子路听了，心里有些拔凉拔凉的。

在“子路篇”中提到的樊迟，也是个挨孔子批评不少的人。如在第四则，孔子直接说：“小人哉，樊须也。”说樊须是个小人，也是比较严厉的批评了。孔子对樊迟的这种批评，还被后代人引用。比如，有这样一个故事，说苏轼有一天，和一个朋友遇见了。这个朋友，自己是个大胡子，想取笑一下苏轼，因为苏轼虽然是络腮胡子，但不茂盛，有点稀。这个朋友借用了《论语》中孔子说的一句话：“君子多乎哉？不多也！”对苏轼说：“君子多胡哉？”其实是笑话苏轼胡须少。苏轼是多机灵的人，对《论语》自然非常熟悉，他借用孔子说的“小人哉，樊须也”这句话，对那位朋友说：“小人繁须也！”说你是个小人，胡须这么繁密。开苏轼的玩笑，后果很严重。

读好《论语》，生活也会变得这么有趣呀！

一

zǐ lù wèn zhèng zǐ yuē xiān zhī láo zhī qǐng
子路问政。子曰："先之劳之。"请
yì yuē wú juàn
益。曰："无倦。"

译　子路向孔子请教治理国家的方法。孔子说："自己先给老百姓带头，然后让他们变得勤劳。"子路请求孔子再多讲一些。孔子又说："勤奋地做事。"

二

zhònggōng wéi jì shì zǎi wèn zhèng zǐ yuē xiān yǒu
仲弓为季氏宰，问政。子曰："先有
sī shè xiǎo guò jǔ xián cái
司，赦小过，举贤才。"

yuē yān zhī xián cái ér jǔ zhī zǐ yuē jǔ
曰："焉知贤才而举之？"子曰："举
ěr suǒ zhī ěr suǒ bù zhī rén qí shě zhū
尔所知；尔所不知，人其舍诸？"

译　仲弓做了季氏的总管，向孔子请教治理的方法。孔子说："在官员中起带头作用，不计较别人的小错误，举荐贤能的人才。"

仲弓说："怎样知道谁是贤能的人才，并且把他们选拔出来呢？"孔子说："举荐你所知道的人；那些你不知道的人才，别人难道会埋没他吗？"

三

子路曰：“卫君待子而为政，子将奚先？”子曰：“必也正名乎！”子路曰：“有是哉，子之迂也！奚其正？”子曰：“野哉，由也！君子于其所不知，盖阙如也。名不正，则言不顺；言不顺，则事不成；事不成，则礼乐不兴；礼乐不兴，则刑罚不中；刑罚不中，则民无所错手足。故君子名之必可言也，言之必可行也。君子于其言，无所苟而已矣。”

译 子路对孔子说：“卫国的君主，等着您去帮助治理国家，您准备首先干什么呢？”孔子回答说：“那一定是先正名吧！”子路说：“您是这么迂腐吗？正什么名啊？”孔子说：“由啊，你真是个粗野的人！作为一个君子，对于他所不知道的，大概都先放在一边，而不随便乱说。名不正，说话就不顺畅了；说话不顺畅，事业就难于成功；事业难于成功，国家的礼乐制度就不能复兴；礼乐制度不能复兴，刑罚也就会使用不当；刑罚使用不当，百姓就会不知所措。所以君子定下一个名，就一定有可以说得出来的理由；这样说了，也一定能行得通。君子对于所说的话，做到一点都不马虎才算数。”

四

fán chí qǐng xué jià　zǐ yuē　wú bù rú lǎo nóng
樊迟请学稼。子曰："吾不如老农。"

qǐng xué wéi pǔ　yuē　wú bù rú lǎo pǔ
请学为圃。曰："吾不如老圃。"

fán chí chū　zǐ yuē　xiǎo rén zāi　fán xū yě
樊迟出。子曰："小人哉，樊须也！

shàng hào lǐ　zé mín mò gǎn bù jìng　shàng hào yì　zé mín
上好礼，则民莫敢不敬；上好义，则民

mò gǎn bù fú　shàng hào xìn　zé mín mò gǎn bù yòng qíng
莫敢不服；上好信，则民莫敢不用情。

fú rú shì　zé sì fāng zhī mín qiǎng fù qí zǐ ér zhì yǐ
夫如是，则四方之民襁负其子而至矣，

yān yòng jià
焉用稼？"

译　樊迟向孔子请教如何种庄稼。孔子说："我不如那些老农民。"又请教如何种蔬菜。孔子说："我不如那些老菜农。"

樊迟退出去。孔子说："樊迟真是个小人！统治者崇尚礼仪，老百姓没有不尊敬的；统治者讲道义，老百姓没有不服从的；统治者讲诚信，老百姓没有不说真话的。如果做到了这样，四面八方的老百姓，都会用包袱背着自己的孩子来投奔，何必自己学种庄稼呢？"

五

zǐ yuē sòng shī sān bǎi shòu zhī yǐ zhèng bù
子曰：“诵《诗》三百，授之以政，不
dá shǐ yú sì fāng bù néng zhuān duì suī duō yì xī
达；使于四方，不能专对；虽多，亦奚
yǐ wéi
以为？”

译　孔子说：“熟读背诵《诗经》中的三百篇诗，交给他政务处理，却完全办不好；让他出使外国，又不能利用熟读的诗篇，独立应对；就是读得再多，又有什么用处呢？”

六

zǐ yuē qí shēn zhèng bù lìng ér xíng qí shēn bù
子曰：“其身正，不令而行；其身不
zhèng suī lìng bù cóng
正，虽令不从。”

译　孔子说：“统治者自己品行端正，行为正直，就是不发命令，事情也能成功；自己品行不端正，行为不正直，就是多次发布命令，老百姓也不会服从。”

七

zǐ yuē lǔ wèi zhī zhèng xiōng dì yě
子曰：“鲁、卫之政，兄弟也。”

译　孔子说：“鲁国与卫国的政治，就像两兄弟一样相似。”

八

zǐ wèi wèi gōng zǐ jīng shàn jū shì shǐ yǒu yuē
子谓卫公子荆，“善居室。始有，曰：

gǒu hé yǐ shǎo yǒu yuē gǒu wán yǐ fù yǒu
‘苟合矣。’少有，曰：‘苟完矣。’富有，

yuē gǒu měi yǐ
曰：‘苟美矣。’”

译 孔子评价卫国的公子荆，说：“这个人善于治家。刚有一点家产，便说：‘差不多够了。’增加了一点，又说：‘差不多完美了。’又多有一点，就说：‘差不多华美了。’”

九

子适卫，冉有仆。子曰：“庶矣哉！”冉有曰：“既庶矣，又何加焉？”曰：“富之。”曰：“既富矣，又何加焉？”曰：“教之。”

译 孔子到卫国去，冉有替他驾车。孔子说：“卫国人口众多呀！”冉有说：“人口已经很多了，还要再增加什么呢？”孔子说：“使他们变富裕。”冉有又说：“已经富裕了，还要再增加什么呢？”孔子说：“给他们好的教育。”

十

zǐ yuē gǒu yǒu yòng wǒ zhě, jī yuè ér yǐ kě yě, sān nián yǒu chéng

子曰："苟有用我者，期月而已可也，三年有成。"

译 孔子说："假如有人用我来治理国家，只需一年时间就差不多了，若是给我三年时间，就会做出很大的成绩。"

十一

zǐ yuē shàn rén wéi bāng bǎi nián, yì kě yǐ shèng cán qù shā yǐ chéng zāi shì yán yě

子曰："'善人为邦百年，亦可以胜残去杀矣。'诚哉是言也！"

译 孔子说："'用善良、贤能的人，治理国家一百年，也可以战胜残暴，消除杀戮了。'这句话说得真对呀！"

十二

zǐ yuē rú yǒu wáng zhě, bì shì ér hòu rén

子曰："如有王者，必世而后仁。"

译 孔子说："如果有能为王的人出现，也一定需要三十年，才能使仁政得到大力推行。"

十三

zǐ yuē gǒu zhèng qí shēn yǐ yú cóng zhèng hū hé yǒu bù néng zhèng qí shēn rú zhèng rén hé

子曰："苟正其身矣，于从政乎何有？不能正其身，如正人何？"

译 孔子说："如果自身端正了，治理好国家有何难呢？如果自身不端正，又怎么使别人端正呢？"

十四

rǎn zǐ tuì cháo zǐ yuē hé àn yě duì yuē yǒu zhèng zǐ yuē qí shì yě rú yǒu zhèng suī bù wú yǐ wú qí yù wén zhī

冉子退朝。子曰："何晏也？"对曰："有政。"子曰："其事也。如有政，虽不吾以，吾其与闻之。"

译 冉有从朝堂回来。孔子问："今天为什么回得晚了呢？"冉有回答说："有政务要办理。"孔子说："那只是一般的事情。如果有政务办理，虽然国家不用我了，我也会知道的。"

十五

dìng gōng wèn yī yán ér kě yǐ xīng bāng, yǒu zhū
定公问："一言而可以兴邦，有诸？"

kǒng zǐ duì yuē yán bù kě yǐ ruò shì qí jī yě
孔子对曰："言不可以若是其几也。

rén zhī yán yuē wéi jūn nán, wéi chén bù yì rú zhī
人之言曰：'为君难，为臣不易。'如知

wéi jūn zhī nán yě, bù jī hū yī yán ér xīng bāng hū
为君之难也，不几乎一言而兴邦乎？"

yuē yī yán ér sàng bāng, yǒu zhū
曰："一言而丧邦，有诸？"

kǒng zǐ duì yuē yán bù kě yǐ ruò shì qí jī yě
孔子对曰："言不可以若是其几也。

rén zhī yán yuē yú wú lè hū wéi jūn, wéi qí yán ér
人之言曰：'予无乐乎为君，唯其言而

mò yú wéi yě rú qí shàn ér mò zhī wéi yě, bù yì shàn
莫予违也。'如其善而莫之违也，不亦善

hū rú bù shàn ér mò zhī wéi yě, bù jī hū yī yán ér
乎？如不善而莫之违也，不几乎一言而

sàng bāng hū
丧邦乎？"

译 鲁定公问孔子："一句话就能使国家兴盛，有吗？"

孔子回答说："话也不可以像这样说。不过，有人说：'做君主很难，做大臣的也不容易。'如果知道做君主的艰难，这与一句话能使国家兴盛差不多吧？"

鲁定公又问："一句话就能丧国，有吗？"

孔子回答说："话也不可以像这样说。不过，有人说：'我觉得做国君没什么快乐，只是我说的话没有人敢违抗。'假若说的话正确，没人违抗，不也是很好么？如果说的话不正确，也没有人敢违抗，这与一句话丧国差不多吧？"

十六

yè gōng wèn zhèng zǐ yuē jìn zhě yuè yuǎn zhě lái
叶公问政。子曰："近者悦，远者来。"

译 叶公向孔子请教治理国家的方法。孔子说："境内的人高兴，境外的人来归附。"

十七

zǐ xià wéi jǔ fǔ zǎi wèn zhèng zǐ yuē wú yù sù wú jiàn xiǎo lì yù sù zé bù dá jiàn xiǎo lì zé dà shì bù chéng
子夏为莒父宰，问政。子曰："无欲速，无见小利。欲速，则不达；见小利，则大事不成。"

译 子夏做了莒父这个地方的长官，向孔子请教治理的方法。孔子说："不贪图速度，不贪小的利益。图快，反而达不到目的；贪图小利益，做不成大事。"

十八

yè gōng yù kǒng zǐ yuē wú dǎng yǒu zhí gōng zhě qí
叶公语孔子曰："吾党有直躬者，其
fù rǎng yáng ér zǐ zhèng zhī kǒng zǐ yuē wú dǎng zhī
父攘羊，而子证之。"孔子曰："吾党之
zhí zhě yì yú shì fù wèi zǐ yǐn zǐ wèi fù yǐn
直者异于是：父为子隐，子为父隐。
zhí zài qí zhōng yǐ
——直在其中矣。"

译 叶公告诉孔子："我们那里有个正直的人，他的父亲偷了别人家的羊，他告发了自己的父亲。"孔子说："我们那里正直的人，与你们那里不同：父亲替儿子隐瞒，儿子替父亲隐瞒——正直就在这里面了。"

十九

fán chí wèn rén zǐ yuē jū chǔ gōng zhí shì
樊迟问仁。子曰："居处恭，执事
jìng yǔ rén zhōng suī zhī yí dí bù kě qì yě
敬，与人忠。虽之夷狄，不可弃也。"

译 樊迟向孔子请教什么是仁德。孔子说："在平时，容貌端正而庄严，做事严肃认真，为别人办事忠诚。这几种品德，即使到野蛮人那里去，也是不能丢弃的。"

二十

zǐ gòng wèn yuē hé rú sī kě wèi zhī shì yǐ
子贡问曰："何如斯可谓之士矣？"

zǐ yuē xíng jǐ yǒu chǐ shǐ yú sì fāng bù rǔ jūn mìng kě wèi shì yǐ
子曰："行己有耻，使于四方，不辱君命，可谓士矣。"

yuē gǎn wèn qí cì yuē zōng zú chēng xiào yān xiāng dǎng chēng tì yān
曰："敢问其次。"曰："宗族称孝焉，乡党称弟焉。"

yuē gǎn wèn qí cì yuē yán bì xìn xíng bì guǒ kēng kēng rán xiǎo rén zāi yì yì kě yǐ wéi cì yǐ
曰："敢问其次。"曰："言必信，行必果，硁硁然小人哉！抑亦可以为次矣。"

yuē jīn zhī cóng zhèng zhě hé rú zǐ yuē yī dǒu shāo zhī rén hé zú suàn yě
曰："今之从政者何如？"子曰："噫！斗筲之人，何足算也？"

译 子贡问孔子："怎么样做才是'士'？"孔子说："用羞耻之心约束自己的行为，出使各国，能有尊严地完成君主的使命，这可以叫作'士'了。"

子贡说："请问次一等的做法。"孔子说："同宗族的人，称赞他孝顺父母，同乡的人，称赞他尊敬兄长。"

子贡又说："请问再次一等的。"孔子说："说话一定算话，行动必定果断，固执得像块铿铿作响的石头，这是个小人呀，但也可以称为再次一等的'士'了。"

子贡说："现今这些执政的人怎么样？"孔子说："呀！这帮小肚鸡肠的人，算得了什么呀？"

二十一

zǐ yuē bù dé zhōng xíng ér yǔ zhī bì yě kuáng juàn hū kuáng zhě jìn qǔ juàn zhě yǒu suǒ bù wéi yě

子曰：“不得中行而与之，必也狂狷乎！狂者进取，狷者有所不为也。”

译 孔子说：“得不到言行正直的人为友，就和狂放激进、狷介的人相交，狂放激进的人勇往向前，狷介的人不会做坏事。”

二十二

zǐ yuē nán rén yǒu yán yuē rén ér wú héng bù kě yǐ zuò wū yī shàn fú

子曰：“南人有言曰：‘人而无恒，不可以作巫医。’善夫！”

bù héng qí dé huò chéng zhī xiū zǐ yuē bù zhān ér yǐ yǐ

“不恒其德，或承之羞。”子曰：“不占而已矣。”

译 孔子说：“南方人有句俗话说：‘一个人假若没有恒心，就连巫、医这样的职业都干不了。’这句话很好呀！”

《周易》的恒卦说：“三天打鱼，两天晒网，总会招来羞耻。”孔子又说：“这句话的意思，是叫没有恒心的人，不必去占卦罢了。”

二十三

zǐ yuē jūn zǐ hé ér bù tóng xiǎo rén tóng ér bù hé

子曰："君子和而不同，小人同而不和。"

译 孔子说："君子能够和谐，但不会和别人盲目相同，小人不能和谐，但能和别人盲目相同。"

二十四

zǐ gòng wèn yuē xiāng rén jiē hào zhī hé rú

子贡问曰："乡人皆好之，何如？"

zǐ yuē wèi kě yě

子曰："未可也。"

xiāng rén jiē wù zhī hé rú zǐ yuē wèi kě yě bù rú xiāng rén zhī shàn zhě hào zhī qí bù shàn zhě wù zhī

"乡人皆恶之，何如？"子曰："未可也；不如乡人之善者好之，其不善者恶之。"

译 子贡问孔子："乡里的人都喜欢他，那这个人怎么样？"孔子说："恐怕还不行。"

子贡又问："乡里人都厌恶他，那这个人怎么样？"孔子说："也恐怕不行。最好是乡里的好人都喜欢他，乡里的坏人都讨厌他。"

二十五

子曰："君子易事而难说也。说之不以道，不说也；及其使人也，器之。小人难事而易说也。说之虽不以道，说也；及其使人也，求备焉。"

译 孔子说："君子容易共事，但很难讨他喜欢。不用正当的方式去讨他喜欢，他不会高兴的；等到他使用人的时候，却能根据每个人的才德去分配任务。小人很难共事，但很容易讨他喜欢。虽然用不正当的方式去讨他喜欢，他会很高兴；等到他使用人的时候，就会挑这挑那，求全责备。"

二十六

子曰："君子泰而不骄，小人骄而不泰。"

译 孔子说："君子安详舒适，但不骄纵；小人骄纵，但不安详舒适。"

二十七

zǐ yuē gāng yì mù nè jìn rén
子曰：“刚、毅、木、讷近仁。”

译 孔子说：“刚强，坚毅，质朴，不轻易说话，有这四种品德的人，是有仁德的人。”

二十八

zǐ lù wèn yuē hé rú sī kě wèi zhī shì yǐ
子路问曰：“何如斯可谓之士矣？”

zǐ yuē qiē qiē sī sī yí yí rú yě kě wèi shì yǐ péng yǒu qiē qiē sī sī xiōng dì yí yí
子曰：“切切偲偲，怡怡如也，可谓士矣。朋友切切偲偲，兄弟怡怡。”

译 子路向孔子请教：“怎么样做才是‘士’？”孔子说：“互相批评、切磋，又和睦、快乐，这样做就可称为‘士’了。好朋友之间，互相批评、切磋，好兄弟之间，和睦、快乐地相处。”

二十九

zǐ yuē shàn rén jiào mín qī nián yì kě yǐ jí róng yǐ

子曰：“善人教民七年，亦可以即戎矣。”

译　孔子说：“善良、贤能的人，花七年时间教导老百姓，能让老百姓上战场了。”

三十

zǐ yuē yǐ bù jiào mín zhàn shì wèi qì zhī

子曰：“以不教民战，是谓弃之。”

译　孔子道：“老百姓未经任何训练，就去作战，只能说这是抛弃他们。”

读后感

先“正”自己，才能“正”别人

正人先正己，这也是一句非常流行的话。

在“子路篇”，孔子说的一句话，也是这个意思：

子曰：“其身正，不令而行；其身不正，虽令不从。”

孔子告诉我们的道理，就是要以身作则，严格要求自己。

在中国历史上，有很多这样的人。比如，中华民族的始祖，尧、舜、禹等，都有这样的品德。例如，尧帝，公正无私，就是对自己的儿子丹朱，也不偏袒，丹朱不争气，就不能继承自己的帝位，而由贤能的舜来继承。所以，尧帝对其他人就能严格要求，大家都佩服他。

有很多人，不能做到正人先正己。例如，有的家长，自己每天玩手机，打麻将，又要求孩子认真学习，不玩游戏，这样的家长，怎么能培养孩子的好习惯呢？

正人先正己，是我们一定要牢记的做人准则。

宪问篇

第十四　四十四则

导读

“宪问篇”涉及的内容，要复杂一些，有孔子教育学生怎么做人，怎么提高修养，怎么治理国家，也有对晋文公、齐桓公、管仲等的评价，因此，“宪问篇”是《论语》中篇幅较长的。

“宪问篇”中讲到的历史人物很有意思，弄清楚他们的故事不仅能帮助我们更好地理解《论语》，而且能学会不少做人的道理。

比如齐桓公与管仲。齐桓公名叫“小白”，是“春秋五霸”的第一霸。齐桓公的哥哥叫“纠”，与小白争夺权力。管仲本来是纠的得力助手，有一次，管仲一箭射中小白，小白装死，才捡回一条命。应该说，小白恨管仲，恨得牙齿痒才对。但是，齐桓公小白，得知管仲很有才华，能治理好国家，不仅没杀管仲，还重用管仲。管仲用心治理齐国，齐国发展很快，最终成为当时实力最强的国家。齐桓公能成为霸主，管仲出力最多。孔子评价齐桓公“正而不谲”，是有道理的。

晋文公叫重耳，是“春秋五霸”中的第二霸。他没成为晋国国君之前，四处流亡，但是有很多人帮助他，齐桓公就给过他很大的帮助。对这样贤能的人，为什么孔子说他“谲而不正”，也就是欺诈、不正直呢？这是因为当晋文公成为国君，晋国强大以后，重耳几次召集诸侯会盟，都要求周天子参加，要知道，周天子虽然没有实际权力，但还是公认的天子，不能让天子来参拜大臣呀。孔子是尊重周天子，才这么说晋文公的。尽管孔子这么评价对重耳并不公平。

一

xiàn wèn chǐ　zǐ yuē　bāng yǒu dào　gǔ　bāng wú
宪问耻。子曰：“邦有道，谷；邦无
dào　gǔ　chǐ yě
道，谷，耻也。”

kè　fá　yuàn　yù bù xíng yān　kě yǐ wéi rén
“克、伐、怨、欲不行焉，可以为仁
yǐ　zǐ yuē　kě yǐ wéi nán yǐ　rén zé wú bù zhī
矣？”子曰：“可以为难矣，仁则吾不知
yě
也。”

译 原宪问孔子，什么是耻辱。孔子说：“国家政治清明，就拿俸禄；国家政治黑暗，还拿着俸禄，这就是耻辱。”

原宪又问：“争强好胜、夸耀自己、心怀怨恨和贪心，消除了这四种毛病，可以算是有仁德的人吗？”孔子说：“只能算是难能可贵了，是不是仁人，我就不知道了。”

二

zǐ yuē shì ér huái jū bù zú yǐ wéi shì yǐ
子曰："士而怀居，不足以为士矣。"

译　孔子说："一个士人，留恋安乐窝，就不配做士人了。"

三

zǐ yuē bāng yǒu dào wēi yán wēi xíng bāng wú dào wēi xíng yán xùn
子曰："邦有道，危言危行；邦无道，危行言孙。"

译　孔子说："国家政治清明，说话正直，处事正直；国家政治黑暗，处事正直，说话则要谦逊。"

四

zǐ yuē yǒu dé zhě bì yǒu yán yǒu yán zhě bù bì
子曰：“有德者必有言，有言者不必

yǒu dé rén zhě bì yǒu yǒng yǒng zhě bù bì yǒu rén
有德。仁者必有勇，勇者不必有仁。”

译 孔子说：“一个有道德的人，必定能有好言语。但一个有好言语的人，未必有道德。一个仁人，必定是个勇敢的人，但一个勇敢的人，不一定就是仁人。”

五

nán gōng kuò wèn yú kǒng zǐ yuē yì shàn shè ào dàng
南宫适问于孔子曰：”羿善射，奡荡

zhōu jù bù dé qí sǐ rán yǔ jì gōng jià ér yǒu tiān
舟，俱不得其死然。禹稷躬稼而有天

xià fū zǐ bù dá
下。”夫子不答。

nán gōng kuò chū zǐ yuē jūn zǐ zāi ruò rén shàng
南宫适出，子曰：“君子哉若人！尚

dé zāi ruò rén
德哉若人！”

译 南宫适问孔子：“羿擅长射箭，奡擅长驾船，这两个人，都不得好死。禹和稷这两个人，亲自下地干活，却得到了天下。（这怎么解释呢？）”孔子没有回答。

南宫适退出来后，孔子说：“这个人呀，是个真君子！尊尚道德！”

六

zǐ yuē jūn zǐ ér bù rén zhě yǒu yǐ fú wèi yǒu
子曰："君子而不仁者有矣夫，未有
xiǎo rén ér rén zhě yě
小人而仁者也。"

㊟ 孔子说："君子中也可能有不仁德的人，但小人是绝不会有仁德的。"

七

zǐ yuē ài zhī néng wù láo hū zhōng yān néng
子曰："爱之，能勿劳乎？忠焉，能
wù huì hū
勿诲乎？"

㊟ 孔子说："爱他，能不让他养成勤劳的习惯吗？为他着想，能不用正道来教诲他吗？"

八

zǐ yuē wéi mìng bì chén cǎo chuàng zhī shì shū tǎo
子曰："为命，裨谌草创之，世叔讨
lùn zhī xíng rén zǐ yǔ xiū shì zhī dōng lǐ zǐ chǎn rùn sè
论之，行人子羽修饰之，东里子产润色
zhī
之。"

㊟ 孔子说："起草外交辞令，裨谌写初稿，世叔讨论初稿的内容，外交官子羽再作修改，东里子产最后润色字句。"

九

huò wèn zǐ chǎn zǐ yuē huì rén yě wèn zǐ
或问子产。子曰：“惠人也。”问子

xī yuē bǐ zāi bǐ zāi wèn guǎnzhòng yuē
西。曰：“彼哉！彼哉！”问管仲。曰：

rén yě duó bó shì pián yì sān bǎi fàn shū shí mò
“人也。夺伯氏骈邑三百，饭疏食，没

chǐ wú yuàn yán
齿无怨言。”

译 有人问孔子，子产是个什么样的人。孔子说：“是个宽厚的人。”又问子西是个什么样的人。孔子说：“他呀，他呀！”又问管仲是个什么样的人。孔子说：“是个人才。曾经剥夺了伯氏骈邑三百户的采地，使得伯氏只能吃简陋的饭食，但伯氏到死也没有怨恨管仲的话。”

十

zǐ yuē pín ér wú yuàn nán fù ér wú jiāo yì

子曰："贫而无怨难，富而无骄易。"

译 孔子说："虽然很贫穷，但没有怨恨，做到这一点很难；虽然富贵，但不骄纵，倒容易做到。"

十一

zǐ yuē mèng gōng chuò wéi zhào wèi lǎo zé yōu bù kě

子曰："孟公绰为赵魏老则优，不可

yǐ wéi téng xuē dà fū

以为滕、薛大夫。"

译 孔子说："孟公绰这个人，要他做赵氏、魏氏的家臣，能力绰绰有余，但不能胜任滕国、薛国的大夫。"

十二

子路问成人。子曰："若臧武仲之知，公绰之不欲，卞庄子之勇，冉求之艺，文之以礼乐，亦可以为成人矣。"曰："今之成人者何必然？见利思义，见危授命，久要不忘平生之言，亦可以为成人矣。"

译 子路问孔子，怎样才算一个成人。孔子回答说："像臧武仲那样有智慧，像孟公绰那样没有贪欲，像卞庄子那样勇敢，像冉求那样多才多艺，再用礼乐来提升自己，这样就可以说是成人了。"又说："至于说现在，成为成人，又何必这样呢？见有利，能想到义，见有危险，能够付出生命，已经许下的诺言，再久也不会忘记，这样也可算是一个成人了。"

十三

子问公叔文子于公明贾曰："信乎，夫子不言，不笑，不取乎？"

公明贾对曰："以告者过也。夫子时然后言，人不厌其言；乐然后笑，人不厌其笑；义然后取，人不厌其取。"

子曰："其然？岂其然乎？"

译 孔子向公明贾问起公叔文子这个人："他老人家不随便说话，不随便笑，不索取别人的东西，是真的吗？"

公明贾回答说："告诉你这话的人，传话有错误。他老人家该说话的时候才说话，别人就不讨厌他的话；高兴了才笑，别人就不讨厌他的笑；该索取的时候才索取，别人就不讨厌他的索取了。"

孔子说："是这样吗？真是这样吗？"

十四

zǐ yuē zāng wǔ zhòng yǐ fáng qiú wéi hòu yú lǔ suī

子曰：“臧武仲以防求为后于鲁，虽

yuē bù yāo jūn wú bù xìn yě

曰不要君，吾不信也。”

译 孔子说：“臧武仲用防城为资本，请求鲁君让他的后代做鲁国的卿大夫，虽然有人说这不是要挟他的君主，我是不相信的。”

十五

zǐ yuē jìn wén gōng jué ér bù zhèng qí huán gōng zhèng

子曰：“晋文公谲而不正，齐桓公正

ér bù jué

而不谲。”

译 孔子说：“晋文公喜欢玩阴谋诡计，不是个正派的人；齐桓公是个正派的人，不使用阴谋诡计。”

十六

zǐ lù yuē huán gōng shā gōng zǐ jiū shào hū sǐ
子路曰：“桓公杀公子纠，召忽死

zhī guǎnzhòng bù sǐ yuē wèi rén hū zǐ yuē
之，管仲不死。”曰：“未仁乎？”子曰：

huán gōng jiǔ hé zhū hóu bù yǐ bīng chē guǎnzhòng zhī lì
“桓公九合诸侯，不以兵车，管仲之力

yě rú qí rén rú qí rén
也。如其仁，如其仁。”

译　子路说：“齐桓公杀了他的哥哥公子纠，他哥哥的老师召忽因为这件事自杀，但管仲却活着。”子路接着说：“管仲不算是有仁德的人吧？”孔子说：“齐桓公多次主持诸侯间的会盟，但未使用武力，这些都是管仲的功劳。这就是他的仁德呀，这就是他的仁德呀。”

十七

zǐ gòng yuē guǎnzhòng fēi rén zhě yú huán gōng shā gōng
子贡曰："管仲非仁者与？桓公杀公
zǐ jiū bù néng sǐ yòu xiàng zhī zǐ yuē guǎnzhòng
子纠，不能死，又相之。"子曰："管仲
xiàng huán gōng bà zhū hóu yī kuāng tiān xià mín dào yú jīn
相桓公，霸诸侯，一匡天下，民到于今
shòu qí cì wēi guǎnzhòng wú qí pī fà zuǒ rèn yǐ qǐ
受其赐。微管仲，吾其被发左衽矣。岂
ruò pǐ fū pǐ fù zhī wéi liàng yě zì jīng yú gōu dú ér mò
若匹夫匹妇之为谅也，自经于沟渎而莫
zhī zhī yě
之知也？"

译　子贡问孔子："管仲不是个有仁德的人吧？齐桓公杀掉了哥哥公子纠，他不但不能为公子纠死，还去辅佐齐桓公。"孔子说："管仲辅佐齐桓公，称霸诸侯，匡正了天下，人民直到今天，还在享受他的恩惠。如果没有管仲，我们都会披散着头发，像蛮夷一样，衣襟向左边开着。管仲难道要像普通老百姓一样，为了所谓的'信用'，在水沟中自杀，还不被人知道吗？"

十八

gōng shū wén zǐ zhī chén dà fū zhuàn yǔ wén zǐ tóng shēng zhū
公叔文子之臣大夫僎与文子同升诸
gōng zǐ wén zhī yuē kě yǐ wéi wén yǐ
公。子闻之，曰："可以为'文'矣。"

译　公叔文子的家臣有个叫大夫僎的，和文子一起，做了国家的大臣。孔子听说这件事后，说："公叔文子，真可以用'文'作他的谥了。"

十九

zǐ yán wèi líng gōng zhī wú dào yě, kāng zǐ yuē: "fú
子言卫灵公之无道也，康子曰："夫
rú shì, xī ér bù sàng?" kǒng zǐ yuē: "zhòng shū yǔ zhì
如是，奚而不丧？"孔子曰："仲叔圉治
bīn kè, zhù tuó zhì zōng miào, wáng sūn jiǎ zhì jūn lǚ. fú
宾客，祝鮀治宗庙，王孙贾治军旅。夫
rú shì, xī qí sàng?"
如是，奚其丧？"

译 孔子讲到卫灵公的昏庸，康子说："既然他这样昏庸腐败，为什么没有灭亡呢？"孔子说："仲叔圉负责帮他接待宾客，祝鮀负责帮他管理祭祀，王孙贾为他统率军队，有这样得力的人帮助，怎么会灭亡呢？"

二十

zǐ yuē: "qí yán zhī bù zuò, zé wéi zhī yě nán."
子曰："其言之不怍，则为之也难。"

译 孔子说："那个人说大话，不羞惭，他要实现他说的，就很难了。"

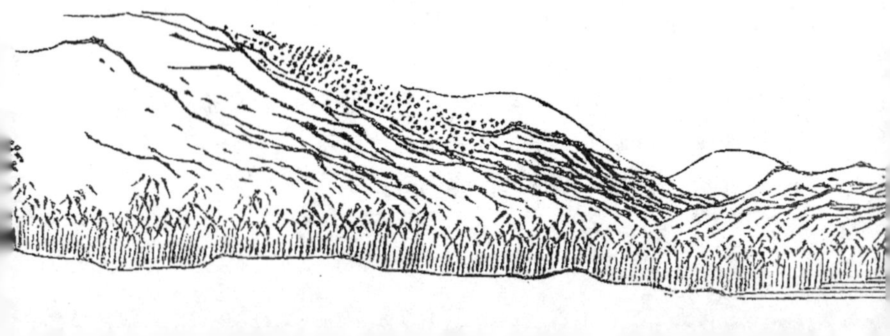

二十一

chén chéng zǐ shì jiǎn gōng　kǒng zǐ mù yù ér cháo　gào
陈成子弑简公。孔子沐浴而朝，告
yú āi gōng yuē　chén héng shì qí jūn　qǐng tǎo zhī　gōng
于哀公曰："陈恒弑其君，请讨之。"公
yuē　gào fú sān zǐ
曰："告夫三子！"

kǒng zǐ yuē　yǐ wú cóng dà fū zhī hòu　bù gǎn bù
孔子曰："以吾从大夫之后，不敢不
gào yě　jūn yuē　gào fú sān zǐ　zhě
告也。君曰'告夫三子'者！"

zhī sān zǐ gào　bù kě　kǒng zǐ yuē　yǐ wú cóng
之三子告，不可。孔子曰："以吾从
dà fū zhī hòu　bù gǎn bù gào yě
大夫之后，不敢不告也。"

译　陈恒杀了齐简公。孔子斋戒沐浴后，上朝见鲁哀公，说："陈恒杀了他的君主，请您出兵讨伐他。"哀公说："你向季孙、仲孙、孟孙三人去报告这件事吧！"

孔子退出来后说："我也是跟随在大夫行列之后的，不敢不来报告这件事，但是鲁君却说'去告诉那三个人'！"

孔子只得去报告那三位，但没答应出兵。孔子说："我跟随在大夫行列之后，不敢不报告。"

二十二

zǐ lù wèn shì jūn zǐ yuē wù qī yě ér fàn zhī

子路问事君。子曰："勿欺也，而犯之。"

译 子路问怎样为君主服务。孔子说："不要欺骗他，但可以犯颜直谏。"

二十三

zǐ yuē jūn zǐ shàng dá xiǎo rén xià dá

子曰："君子上达，小人下达。"

译 孔子说："君子天天向上，小人却日日堕落向下。"

二十四

zǐ yuē gǔ zhī xué zhě wèi jǐ jīn zhī xué zhě wèi rén

子曰："古之学者为己，今之学者为人。"

译 孔子说："古代的学者，学习的目的在于充实、提高自己，而现在的学者，学习是做给别人看的，目的是显摆自己。"

二十五

蘧伯玉使人于孔子。孔子与之坐而问焉，曰：“夫子何为？”对曰：“夫子欲寡其过而未能也。”

使者出。子曰：“使乎！使乎！”

译 蘧伯玉派使者拜访孔子。孔子等使者坐下后说：“最近你家先生在干些什么呢？”使者回答说：“他老人家想减少自己的过错，但还是没能做到。”

使者告辞出去后，孔子说：“好一位使者呀！好一位使者呀！”

二十六

子曰：“不在其位，不谋其政。”曾子曰：“君子思不出其位。”

译 孔子说：“不在那个职位上，就不考虑那个职位上的事情。”曾子说：“君子所考虑的事，不超出自己的职责范围。”

二十七

zǐ yuē jūn zǐ chǐ qí yán ér guò qí xíng
子曰："君子耻其言而过其行。"

译 孔子说："君子认为说的超过做的，是耻辱的事。"

二十八

zǐ yuē jūn zǐ dào zhě sān wǒ wú néng yān rén zhě bù yōu zhì zhě bù huò yǒng zhě bù jù zǐ gòng yuē fū zǐ zì dào yě
子曰："君子道者三，我无能焉：仁者不忧，知者不惑，勇者不惧。"子贡曰："夫子自道也。"

译 孔子说："君子之道包括三个方面，我都没能做到：有仁德的人，快乐无忧；有智慧的人，不迷惑；有勇气的人，无所畏惧。"子贡说："这正是他老人家说自己呀！"

二十九

zǐ gòng fāng rén zǐ yuē cì yě xián hū zāi fú wǒ zé bù xiá
子贡方人。子曰："赐也贤乎哉？夫我则不暇。"

译 子贡批评别人。孔子对他说："赐呀，你自己就很贤能吗？我没有这闲工夫，去批评别人。"

三十

子(zǐ)曰(yuē)："不(bù)患(huàn)人(rén)之(zhī)不(bù)己(jǐ)知(zhī)，患(huàn)其(qí)不(bù)能(néng)也(yě)。"

译　孔子说："不担心别人不了解自己，只担心自己能力不够。"

三十一

子(zǐ)曰(yuē)："不(bù)逆(nì)诈(zhà)，不(bù)亿(yì)不(bù)信(xìn)，抑(yì)亦(yì)先(xiān)觉(jué)者(zhě)，是(shì)贤(xián)乎(hū)！"

译　孔子说："不先入为主，随便怀疑别人欺骗自己，也不会没有任何根据，就猜测别人不诚信，如果有这样的事，又能及早发现，这也是一位贤能的人！"

三十二

wēi shēng mǔ wèi kǒng zǐ yuē　qiū hé wèi shì xī xī zhě
微生亩谓孔子曰："丘何为是栖栖者
yú　wú nǎi wéi nìng hū　kǒng zǐ yuē　fēi gǎn wéi nìng
与？无乃为佞乎？"孔子曰："非敢为佞
yě　jí gù yě
也，疾固也。"

译　微生亩对孔子说："孔丘（孔子）呀，你为什么总是这样忙忙碌碌呢？是要炫耀你的口才吗？"孔子回答说："我不是要炫耀自己的口才，而是讨厌那些顽固的人。"

三十三

zǐ yuē　jì bù chēng qí lì　chēng qí dé yě
子曰："骥不称其力，称其德也。"

译　孔子说："千里马这一称呼，并不是用来赞美它的气力，而是赞美他的品质。"

三十四

huò yuē　yǐ dé bào yuàn　hé rú　zǐ yuē
或曰："以德报怨，何如？"子曰：
hé yǐ bào dé　yǐ zhí bào yuàn　yǐ dé bào dé
"何以报德？以直报怨，以德报德。"

译　有人问孔子："用仁德来回报别人的怨恨，怎么样？"孔子回答说："拿什么来回报仁德呢？拿公平正直来回报怨恨，拿仁德来回报仁德。"

三十五

zǐ yuē mò wǒ zhī yě fú zǐ gòng yuē hé

子曰：“莫我知也夫！”子贡曰：“何

wèi qí mò zhī zǐ yě zǐ yuē bù yuàn tiān bù yóu

为其莫知子也？”子曰：“不怨天，不尤

rén xià xué ér shàng dá zhī wǒ zhě qí tiān hū

人，下学而上达。知我者其天乎！”

译 孔子叹息说：“没有人理解我呀！”子贡说：“为什么说没有人理解您呢？”孔子说：“不埋怨上天，不责备他人，学习常用的知识和技能，能使自己完善，达到很高的境界。知道我是这样的人的，大概只有老天吧！”

三十六

gōng bó liáo sù zǐ lù yú jì sūn。zǐ fú jǐng bó yǐ
公伯寮愬子路于季孙。子服景伯以
gào，yuē：“fū zǐ gù yǒu huò zhì yú gōng bó liáo，wú
告，曰：“夫子固有惑志于公伯寮，吾
lì yóu néng sì zhū shì cháo。”
力犹能肆诸市朝。”

zǐ yuē：“dào zhī jiāng xíng yě yú，mìng yě；dào zhī
子曰：“道之将行也与，命也；道之
jiāng fèi yě yú，mìng yě。gōng bó liáo qí rú mìng hé！”
将废也与，命也。公伯寮其如命何！”

译 公伯寮向季孙说子路的坏话。子服景伯告诉了孔子，说：“季孙他老人家，已经被公伯寮的话迷惑了，可是凭我的力量，还是能把公伯寮杀掉，在街头示众。”

孔子说：“大道会实现，要听命运的安排；大道不会实现，也要听命运的安排。公伯寮能把命运怎么样呢！”

三十七

子曰："贤者辟世，其次辟地，其次辟色，其次辟言。"

子曰："作者七人矣。"

译 孔子说："贤能的人，逃离这个世界，隐居起来，其次，从一个地方逃到另一个地方，再次则躲避那些难看的脸色，再次是躲避那些难听的话。"

孔子又说："能这样做的人，已经有七位了。"

三十八

子路宿于石门。晨门曰："奚自？"子路曰："自孔氏。"曰："是知其不可而为之者与？"

译 子路在石门住了一夜，第二天一大早进城，守门的人说："从哪儿来的？"子路说："从孔家来。"守门的人说："就是那位知道做不到，也一定要去做的人吗？"

三十九

子击磬于卫，有荷蒉而过孔氏之门者，曰：“有心哉，击磬乎！”既而曰：“鄙哉，硁硁乎！莫己知也，斯己而已矣。‘深则厉，浅则揭。’”

子曰：“果哉！末之难矣。”

译 孔子在卫国时，一天正敲击着磬，有一个挑着草筐的人，经过孔子住所门前，说：“很有心呀，听这个敲磬的声音！”过了一会又说：“磬声铿铿的，声音有些粗鄙呀，这是在暗示没有人理解自己呀，打算放弃不干了。‘水太深了，索性穿着衣服走过去，水很浅，倒是可以撩起衣裳走过去。’”

孔子说：“这人真果决！我都没办法说服他了。”

四十

zǐ zhāng yuē shū yún gāo zōng liàng yīn sān
子张曰："《书》云：'高宗谅阴，三
nián bù yán hé wèi yě zǐ yuē hé bì gāo zōng
年不言。'何谓也？"子曰："何必高宗，
gǔ zhī rén jiē rán jūn hōng bǎi guān zǒng jǐ yǐ tīng yú zhǒng
古之人皆然。君薨，百官总己以听于冢
zǎi sān nián
宰三年。"

译 子张说："《尚书》中说：'殷高宗住在守孝的房子里，三年没有说话。'这是什么意思呢？"孔子说："不仅仅是高宗这样，以前的人都这样啊：国君死了，继位的君主，三年不过问政事，各级官员都听命于宰相。"

四十一

zǐ yuē shàng hào lǐ zé mín yì shǐ yě
子曰："上好礼，则民易使也。"

译 孔子说："居上位的人，如果崇尚礼仪，那么老百姓就容易治理了。"

四十二

zǐ lù wèn jūn zǐ　zǐ yuē　xiū jǐ yǐ jìng
子路问君子。子曰：“修己以敬。”

yuē　rú sī ér yǐ hū　yuē　xiū jǐ yǐ ān rén
曰：“如斯而已乎？”曰：“修己以安人。”

yuē　rú sī ér yǐ hū　yuē　xiū jǐ yǐ ān bǎi xìng　xiū jǐ yǐ ān bǎi xìng　yáo shùn qí yóu bìng zhū
曰：“如斯而已乎？”曰：“修己以安百姓。修己以安百姓，尧舜其犹病诸！”

译 子路问孔子，怎样才能算是君子。孔子回答说：“通过敬畏，来提高自己的修养。”

子路说：“这样就够了吗？”孔子说：“提高自己的修养，来使别人安逸舒适。”

子路说：“这样就够了吗？”孔子说：“提高自己的修养，来使老百姓安乐。提高自己的修养，来使老百姓安乐，即使是尧和舜，大概也没有做到吧！”

四十三

yuán rǎng yí sì　zǐ yuē　yòu ér bù xùn tì　zhǎng
原壤夷俟。子曰：“幼而不孙弟，长

ér wú shù yān　lǎo ér bù sǐ　shì wéi zéi　yǐ zhàng kòu
而无述焉，老而不死，是为贼。”以杖叩

qí jìng
其胫。

㊟ 孔子的朋友原壤，张着两条腿，坐在地上，等着孔子。孔子看见了，说：“你小时候不懂礼貌，长大了也无任何成就，这么老了还不死，真是个害人精。”说完，用拐杖敲他的小腿。

四十四

quē dǎng tóng zǐ jiāng mìng　huò wèn zhī yuē　yì zhě
阙党童子将命。或问之曰：“益者

yú　zǐ yuē　wú jiàn qí jū yú wèi yě　jiàn qí yǔ
与？”子曰：“吾见其居于位也。见其与

xiān shēng bìng xíng yě　fēi qiú yì zhě yě　yù sù chéng zhě yě
先生并行也。非求益者也，欲速成者也。”

㊟ 阙党这个地方的一个少年，来给孔子送口信。有人问孔子：“这是个求上进的孩子吗？”孔子说：“我看见他坐在成年人的位子上，又看见他与长辈并肩而行。这不是个求上进的孩子，是个急于求成的人。”

读后感

不说大话

说大话、不做实事的人，一定做不好事情，更不会成功。

在“宪问篇”中，孔子就这样说：

其言之不怍，则为之也难。

这句话的意思，就是说大话，很难实现。

我读《伊索寓言》时，读到一个寓言故事，与说大话有关。故事是这样的：一只孔雀竞选王位，孔雀认为自己可以当王，因为自己有美丽的羽毛，凭着这身羽毛，什么事情都可以办成。这时，乌鸦站出来说：“假如你当了王，你的羽毛，如何保护我们不受老鹰的攻击呢？”孔雀当然哑口无言了，自己说的是大话，哪里会有答案呢！

在平时，有些同学也会说大话，例如，我们班上有些同学，说能够记住学过的所有单词，但实际上，他并没有认真复习，有很多单词都没记住。学习时，说大话，不诚实，会害死人！

说大话是个坏习惯，千万不能有。

卫灵公篇 第十五

四十二则

导读

“卫灵公篇”记录的主要内容，是孔子将自己周游列国时获得的治理国家的经验，告诉学生。

在这一篇中两次提到子贡。子贡就是端木赐，不仅有政治才能，而且会做生意，对市场行情看得很准，总能抓住赚钱的机会，是孔子学生中的首富，现在很多地方都将子贡看成是“财神”。

在《论语》中，孔子对子贡的评价也是很高的，他说子贡是“瑚琏之器”，意思是说子贡有才华，可以做大事。

子贡确实可以干大事，他担任鲁国、卫国的宰相，都干得很出色。子贡善于从大局出发，有长远的政治眼光，所以，在“雍也篇”中，当季康子问孔子，子路、子贡、冉求三人是否可以治理国家，孔子回答说，三人都可以，也各有特点：“由也果”“赐也达”“求也艺”，子贡的长处是“达”，就是说子贡更知道灵活处理问题，更能把握大局。

司马迁在《史记》中说：“故子贡一出，存鲁，乱齐，破吴，强晋而霸越。”我们大概应该看得懂，就是说子贡治国有方法，外交方面，也是强中手。

子贡非常尊敬自己的老师孔子。孔子去世时，子贡不在孔子身边，子贡非常自责，他将在南方生长的楷木，带回到山东曲阜，种植在孔子的墓旁边。并且许下愿望，如果老师能原谅自己，楷木就能成活。当然，楷木活了，而且大量生长。为了赞扬子贡对老师的敬重，康熙皇帝给子贡种的那棵楷木题碑：“子贡手植楷。”

一

wèi líng gōng wèn zhèn yú kǒng zǐ kǒng zǐ duì yuē zǔ
卫灵公问陈于孔子。孔子对曰：“俎
dòu zhī shì zé cháng wén zhī yǐ jūn lǚ zhī shì wèi zhī
豆之事，则尝闻之矣；军旅之事，未之
xué yě míng rì suì xíng
学也。”明日遂行。

译　卫灵公向孔子请教军队陈列的方法。孔子回答说：“有关礼仪的事情，我曾经听过；军队方面的事情，我从来没学习过。”孔子第二天便离开了卫国。

二

zài chén jué liáng cóng zhě bìng mò néng xīng zǐ lù
在陈绝粮，从者病，莫能兴。子路
yùn xiàn yuē jūn zǐ yì yǒu qióng hū zǐ yuē jūn
愠见曰：“君子亦有穷乎？”子曰：“君
zǐ gù qióng xiǎo rén qióng sī làn yǐ
子固穷，小人穷斯滥矣。”

译　孔子在陈国时，粮食都吃完了，随行的人都饿病了，站不起来。子路很不高兴地来见孔子，说：“君子也有穷得毫无办法的时候吗？”孔子说：“君子虽然有时很穷，但会坚持；小人在穷困时，就无所不为了。”

三

zǐ yuē cì yě rǔ yǐ yú wéi duō xué ér zhì zhī
子曰："赐也，女以予为多学而识之
zhě yú duì yuē rán fēi yú yuē fēi
者与？"对曰："然，非与？"曰："非
yě yú yī yǐ guàn zhī
也，予一以贯之。"

译　孔子说："赐呀！你以为我是博学而记忆力强的人吗？"子贡回答说："对呀，难道您不是这样的吗？"孔子说："不是的，我只是有一个观念来贯串始终。"

四

zǐ yuē yóu zhī dé zhě xiǎn yǐ
子曰："由！知德者鲜矣。"

译　孔子对子路说："由！真正懂得'德'的人太少啦。"

五

zǐ yuē wú wéi ér zhì zhě qí shùn yě yú fú hé
子曰："无为而治者其舜也与？夫何
wéi zāi gōng jǐ zhèng nán miàn ér yǐ yǐ
为哉？恭己正南面而已矣。"

译　孔子说："自己安逸而又能使天下治理得很好的人，也大概只有舜吧？他做了什么呢？只是恭敬、端正地坐在朝廷上。"

六

zǐ zhāng wèn xíng zǐ yuē yán zhōng xìn xíng dǔ
子张问行。子曰：“言忠信，行笃
jìng suī mán mò zhī bāng xíng yǐ yán bù zhōng xìn xíng
敬，虽蛮貊之邦，行矣。言不忠信，行
bù dǔ jìng suī zhōu lǐ xíng hū zāi lì zé jiàn qí cān
不笃敬，虽州里，行乎哉？立则见其参
yú qián yě zài yú zé jiàn qí yǐ yú héng yě fú rán hòu
于前也，在舆则见其倚于衡也，夫然后
xíng zǐ zhāng shū zhū shēn
行。”子张书诸绅。

译 子张问孔子，如何才能使自己在社会上行得通。孔子说：“说话忠诚守信，行为真诚恭敬，即使到了野蛮的国家，也行得通。说话不忠诚守信，行为不真诚恭敬，就是在本乡本土，能行得通吗？站立的时候，就好像看见‘忠、信、笃、敬’立在面前；在车箱里，也好像看见它们刻在前面的横木上；这样才能使自己到处行得通。”子张把这些话写在大带上。

七

zǐ yuē zhí zāi shǐ yú bāng yǒu dào rú shǐ
子曰：“直哉史鱼！邦有道，如矢；
bāng wú dào rú shǐ jūn zǐ zāi qú bó yù bāng yǒu dào
邦无道，如矢。君子哉蘧伯玉！邦有道，
zé shì bāng wú dào zé kě juǎn ér huái zhī
则仕；邦无道，则可卷而怀之。”

译 孔子说：“史鱼是个正直的人！国家政治清明时，像箭一样直，国家政治黑暗时，也像箭一样直。蘧伯玉是个君子！国家政治清明时，就出来做官，国家政治黑暗时，就像把自己卷起来，然后收藏好。”

八

zǐ yuē kě yǔ yán ér bù yǔ zhī yán shī rén

子曰："可与言而不与之言，失人；

bù kě yǔ yán ér yǔ zhī yán shī yán zhì zhě bù shī rén

不可与言而与之言，失言。知者不失人，

yì bù shī yán

亦不失言。"

译　孔子说："可以跟他说，却没有跟他说，有可能错过人才；不可以跟他说，却跟他说了，这是失言。有智慧的人，既不会错过人才，也不失言。"

九

zǐ yuē zhì shì rén rén wú qiú shēng yǐ hài rén

子曰："志士仁人，无求生以害仁，

yǒu shā shēn yǐ chéng rén

有杀身以成仁。"

译　孔子说："志士仁人，从不贪生怕死，损害仁德，只会牺牲自己，来成全仁德。"

十

zǐ gòng wèn wéi rén zǐ yuē gōng yù shàn qí shì
子贡问为仁。子曰：“工欲善其事，
bì xiān lì qí qì jū shì bāng yě shì qí dà fū zhī xián
必先利其器。居是邦也，事其大夫之贤
zhě yǒu qí shì zhī rén zhě
者，友其士之仁者。”

译 子贡向孔子请教培养仁德的方法。孔子说：“工匠要做好他的事情，必须先使他的工具锋利。居住在某个国家，就要事奉那里贤能的人，与那里的仁人做朋友。”

十一

yán yuān wèn wéi bāng zǐ yuē xíng xià zhī shí chéng
颜渊问为邦。子曰：“行夏之时，乘
yīn zhī lù fú zhōu zhī miǎn yuè zé sháo wǔ fàng
殷之辂，服周之冕，乐则《韶》《舞》。放
zhèngshēng yuǎn nìng rén zhèngshēng yín nìng rén dài
郑声，远佞人。郑声淫，佞人殆。”

译 颜渊向孔子请教治理国家的方法。孔子说：“使用夏朝的历法，乘坐殷朝的车子，佩戴周朝的礼帽，欣赏《韶》《武》这样的音乐。不欣赏郑国那样的乐曲，远离小人。郑国的乐曲太放荡了，小人太危险了。”

十二

zǐ yuē rén wú yuǎn lǜ bì yǒu jìn yōu

子曰：“人无远虑，必有近忧。”

译　孔子说：“一个人，如果没有长远的考虑，忧患马上就会出现。”

十三

zǐ yuē yǐ yǐ hū wú wèi jiàn hào dé rú hào sè zhě yě

子曰：“已矣乎！吾未见好德如好色者也。”

译　孔子说：“大概要完了吧！我没有见过喜好美德与喜好美色一样的人。”

十四

zǐ yuē zāng wén zhòng qí qiè wèi zhě yú zhī liǔ xià huì zhī xián ér bù yǔ lì yě

子曰：“臧文仲其窃位者与！知柳下惠之贤而不与立也。”

译　孔子说：“臧文仲这个人，大概是个吃饭不干活(做官不管事)的人，他明明知道柳下惠贤能，却不与他同朝共事。”

十五

zǐ yuē gōng zì hòu ér báo zé yú rén zé yuǎn yuàn

子曰："躬自厚而薄责于人，则远怨

yǐ

矣。"

译 孔子说："多责备自己，少责备别人，自然离怨恨远了。"

十六

zǐ yuē bù yuē rú zhī hé rú zhī hé zhě

子曰："不曰'如之何，如之何'者，

wú mò rú zhī hé yě yǐ yǐ

吾末如之何也已矣。"

译 孔子说："从不问'怎么办，怎么办'的人，我拿这种人也不知道怎么办了。"

十七

子曰：“群居终日，言不及义，好行小慧，难矣哉！”

（zǐ yuē qún jū zhōng rì yán bù jí yì hào xíng xiǎo huì nán yǐ zāi）

译 孔子说：“一群人，整天混在一块，说的话，都不涉及道义，只喜欢卖弄小聪明，这样的人，恐怕难有所成！”

十八

子曰：“君子义以为质，礼以行之，孙以出之，信以成之。君子哉！”

（zǐ yuē jūn zǐ yì yǐ wéi zhì lǐ yǐ xíng zhī xùn yǐ chū zhī xìn yǐ chéng zhī jūn zǐ zāi）

译 孔子说：“君子将义作为本质，依据礼仪规范行事，说话谦逊，凭诚实守信获得成功。这就是个真君子呀！”

十九

子曰：“君子病无能焉，不病人之不己知也。”

（zǐ yuē jūn zǐ bìng wú néng yān bù bìng rén zhī bù jǐ zhī yě）

译 孔子说：“君子担心的事是自己能力不够，不担心别人不知道自己。”

二十

zǐ yuē jūn zǐ jí mò shì ér míng bù chēng yān
子曰："君子疾没世而名不称焉。"

译 孔子说："君子痛恨的是，到死的时候，还是默默无闻。"

二十一

zǐ yuē jūn zǐ qiú zhū jǐ xiǎo rén qiú zhū rén
子曰："君子求诸己，小人求诸人。"

译 孔子说："君子对自己要求严格，小人对他人要求严格。"

二十二

zǐ yuē jūn zǐ jīn ér bù zhēng qún ér bù dǎng
子曰："君子矜而不争，群而不党。"

译 孔子说："君子有尊严，不与他人发生争执，合群，但不拉帮结派。"

二十三

zǐ yuē jūn zǐ bù yǐ yán jǔ rén bù yǐ rén fèi yán
子曰："君子不以言举人，不以人废言。"

译 孔子说："作为君子，不会因为某个人的话，就提拔他，也不会因为一个人做过错事，就连他说的好话也全不听。"

二十四

zǐ gòng wèn yuē yǒu yī yán ér kě yǐ zhōng shēn xíng zhī zhě hū zǐ yuē qí shù hū jǐ suǒ bù yù wù shī yú rén
子贡问曰："有一言而可以终身行之者乎？"子曰："其恕乎！己所不欲，勿施于人。"

译 子贡问孔子："有没有一个字，可以一辈子奉行的呢？"孔子说："大概只有'恕'这个字吧！自己不想要的东西，也不强加给别人。"

二十五

zǐ yuē wú zhī yú rén yě shéi huǐ shéi yù rú
子曰：“吾之于人也，谁毁谁誉？如

yǒu suǒ yù zhě qí yǒu suǒ shì yǐ sī mín yě sān dài
有所誉者，其有所试矣。斯民也，三代

zhī suǒ yǐ zhí dào ér xíng yě
之所以直道而行也。”

译 孔子说：“对他人，我说了谁的坏话？我又称赞了谁？我称赞了的人，必然是考验过的。这样的人，夏、商、周三代就依靠他们，沿着正道前行。”

二十六

zǐ yuē wú yóu jí shǐ zhī quē wén yě yǒu mǎ zhě
子曰：“吾犹及史之阙文也。有马者

jiè rén chéng zhī jīn wú yǐ fú
借人乘之，今亡矣夫！”

译 孔子说：“史书中有疑问，需要后人去解决，这样的地方我还能够看到。就好像有马的人，自己不会训练，先借给别人使用，这种人，今天恐怕没有了！”

二十七

zǐ yuē qiǎo yán luàn dé xiǎo bù rěn zé luàn dà móu

子曰："巧言乱德。小不忍，则乱大谋。"

译｜孔子说："花言巧语，最容易使道德败坏。小的事情不能忍，就可能使大事情不成功。"

二十八

zǐ yuē zhòng wù zhī bì chá yān zhòng hào zhī bì chá yān

子曰："众恶之，必察焉；众好之，必察焉。"

译｜孔子说："大家都厌恶这个人，一定要仔细观察，不可轻信；大家都喜爱这个人，也一定要仔细观察，不能轻信。"

二十九

zǐ yuē rén néng hóng dào fēi dào hóng rén

子曰："人能弘道，非道弘人。"

译｜孔子说："人能使道发扬光大，但是道不能使人发扬光大。"

三十

zǐ yuē guò ér bù gǎi shì wèi guò yǐ

子曰："过而不改，是谓过矣。"

译 孔子说："有了错误而不改正，这才是真正的错误。"

三十一

zǐ yuē wú cháng zhōng rì bù shí zhōng yè bù qǐn yǐ sī wú yì bù rú xué yě

子曰："吾尝终日不食，终夜不寝，以思，无益，不如学也。"

译 孔子说："我曾经整天不吃饭，整晚不睡觉，用来独自思考，但没有多大益处，不如去认真学习。"

三十二

zǐ yuē jūn zǐ móu dào bù móu shí gēng yě něi zài qí zhōng yǐ xué yě lù zài qí zhōng yǐ jūn zǐ yōu dào bù yōu pín

子曰："君子谋道不谋食。耕也，馁在其中矣；学也，禄在其中矣。君子忧道不忧贫。"

译 孔子说："作为君子，用心追求仁道，而不追求衣食。耕种田地，也免不了饿肚皮；学习仁道，同样可以得到俸禄。君子着急的是不能推行仁道，不着急得不到财富。"

三十三

zǐ yuē zhì jí zhī rén bù néng shǒu zhī suī dé
子曰："知及之，仁不能守之；虽得
zhī bì shī zhī zhì jí zhī rén néng shǒu zhī bù zhuāng
之，必失之。知及之，仁能守之。不庄
yǐ lì zhī zé mín bù jìng zhì jí zhī rén néng shǒu zhī
以莅之，则民不敬。知及之，仁能守之，
zhuāng yǐ lì zhī dòng zhī bù yǐ lǐ wèi shàn yě
庄以莅之，动之不以礼，未善也。"

译　孔子说："有足够的聪明才智得到它，但是没有仁德，就不能保持它；虽然得到了，也一定会失去。有足够的聪明才智得到它，用仁德能保持它。不严肃地对待它，老百姓也不会敬畏。有足够的聪明才智得到它，用仁德能保持它，严肃地对待它，但不用礼来带动，也不好。"

三十四

zǐ yuē jūn zǐ bù kě xiǎo zhī ér kě dà shòu yě
子曰："君子不可小知而可大受也，
xiǎo rén bù kě dà shòu ér kě xiǎo zhī yě
小人不可大受而可小知也。"

译　孔子说："君子在小事情上可能不精明，但能接受重大事情的考验；小人不能接受重大任务的考验，但在小事情上很精明。"

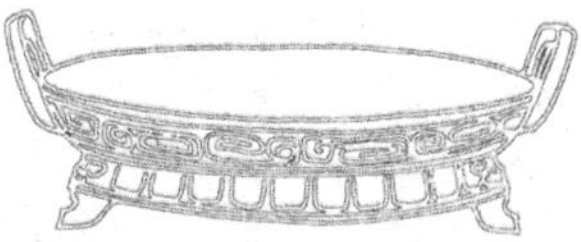

三十五

zǐ yuē mín zhī yú rén yě shèn yú shuǐ huǒ shuǐ
子曰："民之于仁也，甚于水火。水
huǒ wú jiàn dǎo ér sǐ zhě yǐ wèi jiàn dǎo rén ér sǐ zhě
火，吾见蹈而死者矣，未见蹈仁而死者
yě
也。"

译 孔子说："老百姓害怕'仁'，比害怕水、火更厉害。我见过往水里跳、往火里跳而死的，但从没见过实践'仁'而死的。"

三十六

zǐ yuē dāng rén bù ràng yú shī
子曰："当仁，不让于师。"

译 孔子说："有实践仁德的机会，勇往直前，就是老师，也不谦让。"

三十七

zǐ yuē jūn zǐ zhēn ér bù liàng
子曰："君子贞而不谅。"

译 孔子说："君子在大是大非的事情上，守正道，在小事情上，不要求处处守信用。"

三十八

zǐ yuē shì jūn jìng qí shì ér hòu qí shí
子曰："事君，敬其事而后其食。"

译 孔子说："对待君主，先认真工作，再考虑俸禄的事。"

三十九

zǐ yuē yǒu jiào wú lèi
子曰："有教无类。"

译 孔子说："来向我学习的人，每个人我都会教育他，没有任何区别。"

四十

zǐ yuē dào bù tóng bù xiāng wéi móu
子曰："道不同，不相为谋。"

译 孔子说："主张不同，不互相商议。"

四十一

zǐ yuē cí dá ér yǐ yǐ
子曰："辞达而已矣。"

译 孔子说："言辞，只要能表达想说的意思就够了。"

四十二

shī miǎn xiàn jí jiē zǐ yuē jiē yě jí
师冕见，及阶，子曰："阶也。"及

xí zǐ yuē xí yě jiē zuò zǐ gào zhī yuē
席，子曰："席也。"皆坐，子告之曰：

mǒu zài sī mǒu zài sī
"某在斯，某在斯。"

shī miǎn chū zǐ zhāng wèn yuē yǔ shī yán zhī dào
师冕出。子张问曰："与师言之道

yú zǐ yuē rán gù xiàng shī zhī dào yě
与？"子曰："然；固相师之道也。"

译 师冕来见孔子，刚走近台阶边，孔子就会说："这是台阶。"刚走到坐席旁，孔子就会说："这是坐席。"所有人都坐好了，孔子告诉师冕说："某人在这里，某人在那里。"

师冕告辞后，子张问孔子："这是同盲人说话的方式吗？"孔子说："对呀；这本来就是帮助盲人的方式。"

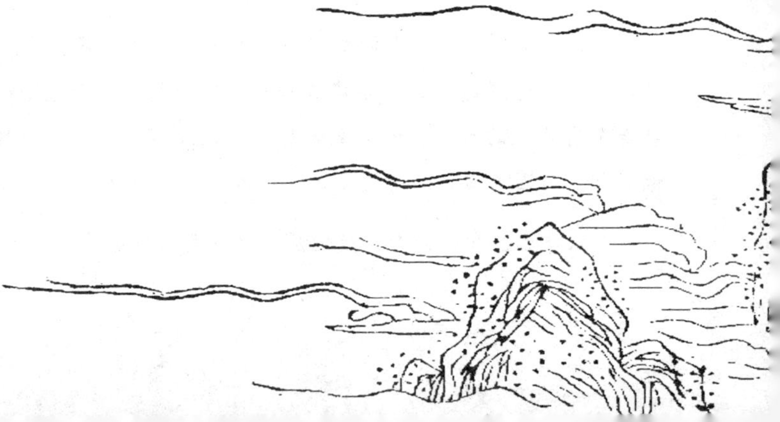

读后感

躬自厚而薄责于人

孔子在“卫灵公篇”中的一句话，我先看不懂意思，爸爸给我讲解后，我不仅弄懂了意思，而且觉得这句话很有用，这句话是：

子曰：“躬自厚而薄责于人，则远怨矣。”

孔子告诉我们，严格要求自己，对别人宽容一些，是做人的好方法。

历史上有很多严格要求自己的名人。例如东汉时期有一个叫杨震的人，他曾经向皇帝推荐王密做官，因为王密很有才华。王密后来想感谢杨震，就送给他十锭黄金。杨震很生气，没有接受。王密说：“我是晚上送来的，不会有人知道。”杨震说：“天知，地知，你知，我知。怎么说没人知道呢？”这就是有名的“杨震却金”的故事，杨震是个严于律己的人，永远值得我们学习。

唐太宗李世民，是个能宽以待人的人。在李世民没做皇帝之前，魏征曾经建议太子李建成杀掉他。但是，李世民知道魏征是个有才能的人，在他当皇帝后，不仅没有计较，还让魏征做宰相，为国家出力。这是多么令人敬佩的行为呀！

严以律己，宽以待人，我们应该这样要求自己。

季氏篇 第十六

十四则

导读

“季氏篇”的主要内容，还是孔子最关心的两件大事，第一是修身，第二是如何治理国家。

在这篇中，孔子说到了“交友”这个话题，很有意义。

在《论语》中，孔子谈如何交朋处友的地方，也不少。比如，孔子说：“无友不如己者。”就是说，交朋友，一定要交比自己优秀的人，才能学到更多知识，提高自己。

“季氏篇”中说到的“益者三友”“损者三友”，是孔子谈论交朋处友最著名的地方，应该仔细读一读，对我们交朋友很有帮助。

好的朋友，一定是能互相帮助，共同进步的，如鲍叔牙和管仲之间的友谊。管仲在成功之前，很穷，而且有些“无赖”。与鲍叔牙这位好朋友做生意，自己只投资一点点钱，分钱的时候却拿得最多，但鲍叔牙从不认为管仲贪心；管仲曾经帮鲍叔牙做事，但越帮越坏事，鲍叔牙从来不认为管仲愚蠢；管仲在遇到齐桓公之前，三次做官，三次都被开除了，鲍叔牙从来没小瞧过管仲；管仲打仗，又当逃兵，鲍叔牙从不认为管仲是个胆小鬼；公子纠死了，管仲成了齐桓公小白的俘虏，鲍叔牙不认为管仲是个可耻的人。管仲成功后，深情地回忆鲍叔牙这位朋友：“鲍叔不以我为贪，知我贫也。”“鲍叔不以我为愚，知时有利不利也。”“鲍叔不以我为不肖，知我不遭时也。”“鲍叔不以我为怯，知我有老母也。”“鲍叔不以我为无耻，知我不羞小节而耻功名不显于天下也。”管、鲍之交，一直为人们津津乐道，他们是真正的知心朋友。

一

jì shì jiāng fá zhuān yú rǎn yǒu jì lù xiàn yú kǒng zǐ
季氏将伐颛臾。冉有、季路见于孔子

yuē jì shì jiāng yǒu shì yú zhuān yú
曰："季氏将有事于颛臾。"

kǒng zǐ yuē qiú wú nǎi ěr shì guò yú fú zhuān
孔子曰："求！无乃尔是过与？夫颛

yú xī zhě xiān wáng yǐ wéi dōng méng zhǔ qiě zài bāng yù zhī
臾，昔者先王以为东蒙主，且在邦域之

zhōng yǐ shì shè jì zhī chén yě hé yǐ fá wéi
中矣，是社稷之臣也。何以伐为？"

rǎn yǒu yuē fū zǐ yù zhī wú èr chén zhě jiē bù
冉有曰："夫子欲之，吾二臣者皆不

yù yě
欲也。"

kǒng zǐ yuē qiú zhōu rén yǒu yán yuē chén lì
孔子曰："求！周任有言曰：'陈力

jiù liè bù néng zhě zhǐ wēi ér bù chí diān ér bù
就列，不能者止。'危而不持，颠而不

fú zé jiāng yān yòng bǐ xiàng yǐ qiě ěr yán guò yǐ hǔ
扶，则将焉用彼相矣？且尔言过矣，虎

sì chū yú xiá guī yù huǐ yú dú zhōng shì shéi zhī guò yú
兕出于柙，龟玉毁于椟中，是谁之过与？"

rǎn yǒu yuē jīn fú zhuān yú gù ér jìn yú bì
冉有曰："今夫颛臾，固而近于费。

jīn bù qǔ hòu shì bì wéi zǐ sūn yōu
今不取，后世必为子孙忧。"

kǒng zǐ yuē qiú jūn zǐ jí fú shě yuē yù zhī ér
孔子曰："求！君子疾夫舍曰欲之而

bì wéi zhī cí qiū yě wén yǒu guó yǒu jiā zhě bù huàn
必为之辞。丘也闻：有国有家者，不患

guǎ dāng zuò pín ér huàn bù jūn bù huàn pín dāng zuò guǎ
寡（当作贫）而患不均，不患贫（当作寡）

ér huàn bù ān　gài jūn wú pín，hé wú guǎ，ān wú qīng。
而患不安。盖均无贫，和无寡，安无倾。

fú rú shì，gù yuǎn rén bù fú，zé xiū wén dé yǐ lái zhī。
夫如是，故远人不服，则修文德以来之。

jì lái zhī，zé ān zhī。jīn yóu yǔ qiú yě，xiàng fū zǐ，
既来之，则安之。今由与求也，相夫子，

yuǎn rén bù fú，ér bù néng lái yě；bāng fēn bēng lí xī，
远人不服，而不能来也；邦分崩离析，

ér bù néng shǒu yě；ér móu dòng gān gē yú bāng nèi。wú kǒng
而不能守也；而谋动干戈于邦内。吾恐

jì sūn zhī yōu，bù zài zhuān yú，ér zài xiāo qiáng zhī nèi yě。”
季孙之忧，不在颛臾，而在萧墙之内也。”

译　季氏准备出兵攻打颛臾。冉有、子路两人赶来拜见孔子，说：“季氏准备对颛臾下手了。”

孔子说：“冉求，这难道不是你的过失吗？颛臾，前代君王封他为东蒙山的主人，主持那里的祭祀，而且它就在鲁国的国境内，和鲁国的关系，好像是生死共存的重臣。为什么要去攻打它呢？”

冉有说：“是季孙他老人家要这么干的，我们两人都不同意。”

孔子说：“冉求！周任曾这样说过：‘觉得自己的本领够，就站在官员的队伍里，不称职的，就辞职。’好比瞎子，遇到了危险，不去帮一下；将要摔倒了，也不去扶一下，那还要助手干什么呢？而且你的话大错特错了。老虎、犀牛这样的猛兽，从笼子里逃出来，龟壳、美玉这样的珍宝，毁坏在盒子里，这是谁的责任呢？”

冉有说：“颛臾这个地方，城墙坚固，而且离费地很近。现在再不占领它，一定会给后代留下祸害。”

孔子说：“冉求！君子最讨厌的做法，就是不

说自己贪心不足，而一定要找很多借口。我听说过，一个国或者一个家，不担心财富不多，只担心分配不均匀；不担心人民数量少，只担心他们不安定。一般财富平均了，就不会有贫穷；人民和睦了，就无所谓多少；人民安定了，国家就不会灭亡。如果这样做，远方的人还不归顺，就加强文化教育和道德修养，来吸引他们。他们既然来了，就要使他们安心下来。仲由和冉求，你们二人辅佐季孙，远方的人不信服，不能吸引他们到来；国家分裂瓦解，不能想办法守护它；现在反而想在国境内使用兵力。我担心季孙真正的忧虑，不在颛臾，而在我们国君的门屏内呀。”

二

kǒng zǐ yuē tiān xià yǒu dào zé lǐ yuè zhēng fá zì
孔子曰："天下有道，则礼乐征伐自
tiān zǐ chū tiān xià wú dào zé lǐ yuè zhēng fá zì zhū hóu
天子出；天下无道，则礼乐征伐自诸侯
chū zì zhū hóu chū gài shí shì xī bù shī yǐ zì dà
出。自诸侯出，盖十世希不失矣；自大
fū chū wǔ shì xī bù shī yǐ péi chén zhí guó mìng sān
夫出，五世希不失矣；陪臣执国命，三
shì xī bù shī yǐ tiān xià yǒu dào zé zhèng bù zài dà fū
世希不失矣。天下有道，则政不在大夫。
tiān xià yǒu dào zé shù rén bù yì
天下有道，则庶人不议。"

译　孔子说："天下太平，制作礼乐以及出兵这样的大事，都由天子决定；天下动乱，制作礼乐以及出兵这样的大事，就由诸侯决定。由诸侯决定，传到十代还能继续的，就很少了；由大夫决定，传到五代还能继续的，就很少了；若是由大夫的家臣掌握国家政权的，传到三代还能继续的，就很少了。天下太平，国家政权不会掌握在大夫手中。天下太平，老百姓也不会随便议论。"

三

kǒng zǐ yuē lù zhī qù gōng shì wǔ shì yǐ zhèng dài
孔子曰："禄之去公室五世矣，政逮
yú dà fū sì shì yǐ gù fú sān huán zhī zǐ sūn wēi yǐ
于大夫四世矣，故夫三桓之子孙微矣。"

译　孔子说："国家政权离开了鲁国君主，已经五代了；政权掌握在大夫手中，已经四代了，所以三桓的子孙，现在也衰微了。"

〈四〉

kǒng zǐ yuē yì zhě sān yǒu sǔn zhě sān yǒu yǒu
孔子曰："益者三友，损者三友。友
zhí yǒu liàng yǒu duō wén yì yǐ yǒu pián pì yǒu
直，友谅，友多闻，益矣。友便辟，友
shàn róu yǒu pián nìng sǔn yǐ
善柔，友便佞，损矣。"

译　孔子说："有益的朋友有三种，有害的朋友也有三种。与正直的人交朋友，与诚实守信的人交朋友，与见闻广博的人交朋友，便有益了。与巴结奉承的人交朋友，与当面说好话、背后说坏话的人交朋友，与夸夸其谈的人交朋友，便有害了。"

〈五〉

kǒng zǐ yuē yì zhě sān lè sǔn zhě sān lè lè
孔子曰："益者三乐，损者三乐。乐
jié lǐ yuè lè dào rén zhī shàn lè duō xián yǒu yì yǐ
节礼乐，乐道人之善，乐多贤友，益矣。
lè jiāo lè lè yì yóu lè yàn lè sǔn yǐ
乐骄乐，乐佚游，乐宴乐，损矣。"

译　孔子说："对人有益的快乐有三种，对人有害的快乐也有三种。用礼乐来节制自己，感到快乐，称赞别人的优点，感到快乐，多结交贤能的朋友，感到快乐，这就有益了。骄纵、享乐，感到快乐，游手好闲，感到快乐，吃喝玩乐，感到快乐，便有害了。"

六

kǒng zǐ yuē　shì yú jūn zǐ yǒu sān qiān　yán wèi jí
孔子曰：“侍于君子有三愆：言未及

zhī ér yán wèi zhī zào　yán jí zhī ér bù yán wèi zhī yǐn
之而言谓之躁，言及之而不言谓之隐，

wèi jiàn yán sè ér yán wèi zhī gǔ
未见颜色而言谓之瞽。”

译 孔子说：“与君子说话容易犯三种错误：没轮到自己说，却先说了，这叫急躁；该自己说话，却又不说，这叫隐瞒；不看君子的脸色，便随便开口说，这叫瞎了眼。”

七

kǒng zǐ yuē　jūn zǐ yǒu sān jiè　shào zhī shí　xuè
孔子曰：“君子有三戒：少之时，血

qì wèi dìng　jiè zhī zài sè　jí qí zhuàng yě　xuè qì fāng
气未定，戒之在色；及其壮也，血气方

gāng　jiè zhī zài dòu　jí qí lǎo yě　xuè qì jì shuāi
刚，戒之在斗；及其老也，血气既衰，

jiè zhī zài dé
戒之在得。”

译 孔子说：“君子要戒备三件事情：年轻的时候，身体、心理还没完全发育成熟，要警惕迷恋女色；到了壮年，血气方刚，要警惕争强好胜；到了老年，血气已经衰弱，要警惕贪得无厌。”

八

kǒng zǐ yuē jūn zǐ yǒu sān wèi wèi tiān mìng wèi
孔子曰：“君子有三畏：畏天命，畏
dà rén wèi shèng rén zhī yán xiǎo rén bù zhī tiān mìng ér bù
大人，畏圣人之言。小人不知天命而不
wèi yě xiá dà rén wǔ shèng rén zhī yán
畏也，狎大人，侮圣人之言。”

译　孔子说：“君子敬畏三件事：敬畏天命，敬畏大人物，敬畏圣人的话。小人不懂得天命，不知道敬畏，对大人物态度不庄重，看不起圣人说过的话。”

九

kǒng zǐ yuē shēng ér zhī zhī zhě shàng yě xué ér zhī
孔子曰：“生而知之者上也，学而知
zhī zhě cì yě kùn ér xué zhī yòu qí cì yě kùn ér
之者次也；困而学之，又其次也；困而
bù xué mín sī wéi xià yǐ
不学，民斯为下矣。”

译　孔子说：“天生就知道，是最上等，学习了才知道，是次一等；遇到了困难，才去学习，又次一等；经历了困难，还不知道努力学习，这样的人就是下等了。”

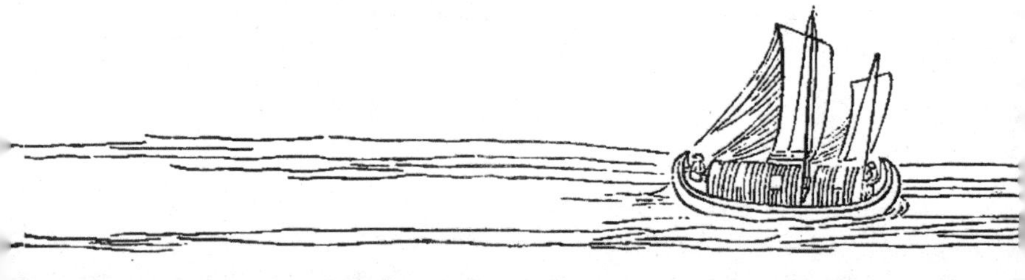

十

kǒng zǐ yuē jūn zǐ yǒu jiǔ sī shì sī míng tīng
孔子曰："君子有九思：视思明，听
sī cōng sè sī wēn mào sī gōng yán sī zhōng shì sī
思聪，色思温，貌思恭，言思忠，事思
jìng yí sī wèn fèn sī nàn jiàn dé sī yì
敬，疑思问，忿思难，见得思义。"

译 孔子说："君子在九种情形下要考虑：看，要看清楚；听，要听明白；脸色，要温和；容貌，要恭敬；说话，要忠实；做事，要认真；有疑难，要勤问；发怒，要想后果；有好处，要想该不该得。"

十一

kǒng zǐ yuē jiàn shàn rú bù jí jiàn bù shàn rú tàn
孔子曰："见善如不及，见不善如探
tāng wú jiàn qí rén yǐ wú wén qí yǔ yǐ yǐn jū yǐ
汤。吾见其人矣，吾闻其语矣。隐居以
qiú qí zhì xíng yì yǐ dá qí dào wú wén qí yǔ yǐ
求其志，行义以达其道。吾闻其语矣，
wèi jiàn qí rén yě
未见其人也。"

译 孔子说："看见善良的，努力追求，生怕赶不上；看见不善良的，最快地躲开，就像手碰到滚烫的水。我见过这样的人，也听过这样的话。隐居起来，不改变自己的志向，依据道来行事，以实行自己的主张。我听过这样的话，却没有见过这样的人。"

十二

qí jǐng gōng yǒu mǎ qiān sì sǐ zhī rì mín wú dé
齐景公有马千驷，死之日，民无德

ér chēng yān bó yí shū qí è yú shǒu yáng zhī xià mín
而称焉。伯夷、叔齐饿于首阳之下，民

dào yú jīn chēng zhī qí sī zhī wèi yú
到于今称之。其斯之谓与？

译 齐景公有四千匹马，死了以后，老百姓都觉得他的道德，没有什么可称赞的。伯夷、叔齐这两个人，饿死在首阳山下，大家到现在还称颂他们。那就是这个意思吧！

十三

chén gāng wèn yú bó yú yuē zǐ yì yǒu yì wén hū
陈亢问于伯鱼曰："子亦有异闻乎？"
duì yuē wèi yě cháng dú lì lǐ qū ér guò
对曰："未也。尝独立，鲤趋而过
tíng yuē xué shī hū duì yuē wèi yě bù
庭。曰：'学诗乎？'对曰：'未也。''不
xué shī wú yǐ yán lǐ tuì ér xué shī tā rì yòu
学诗，无以言。'鲤退而学诗。他日，又
dú lì lǐ qū ér guò tíng yuē xué lǐ hū duì
独立，鲤趋而过庭。曰：'学礼乎？'对
yuē wèi yě bù xué lǐ wú yǐ lì lǐ tuì
曰：'未也。''不学礼，无以立。'鲤退
ér xué lǐ wén sī èr zhě
而学礼。闻斯二者。"

chén gāng tuì ér xǐ yuē wèn yī dé sān wén shī
陈亢退而喜曰："问一得三，闻诗，
wén lǐ yòu wén jūn zǐ zhī yuǎn qí zǐ yě
闻礼，又闻君子之远其子也。"

译 陈亢问孔子的儿子伯鱼："您在老师那儿，得到与众不同的教诲吗？"

伯鱼回答说："没有啊。我父亲曾经一个人站在庭中，我恭敬地走过。他问我：'你学诗了没有？'我说：'还没有。'他就告诉我：'不学习诗，就会说不好话。'我回来后就开始学诗。又过了几天，我父亲又一个人站在庭中，我恭敬地走过。他问道：'你学礼了没有？'我回答说：'还没有。'他说：'不学礼，就没法在社会上立足。'我回来后就开始学礼。我总共就听到这两件事。"

陈亢回去后，高兴地说："我问一件事，结果知道了三件事：知道了要学诗，知道了要学礼，又知道了君子不偏爱儿子。"

十四

bāng jūn zhī qī jūn chēng zhī yuē fū rén fū rén zì
邦君之妻，君称之曰夫人，夫人自

chēng yuē xiǎo tóng bāng rén chēng zhī yuē jūn fū rén chēng zhū yì
称曰小童；邦人称之曰君夫人，称诸异

bāng yuē guǎ xiǎo jūn yì bāng rén chēng zhī yì yuē jūn fū rén
邦曰寡小君；异邦人称之亦曰君夫人。

译 国君的妻子，国君称她为“夫人”，夫人自己称呼自己为“小童”；国内的人称她为“君夫人”，对外国人称她为“寡小君”；外国人称呼她，也是“君夫人”。

读后感

我眼中的快乐

在“季氏篇”中，孔子讲到了快乐：

孔子曰：“益者三乐，损者三乐。乐节礼乐，乐道人之善，乐多贤友，益矣。乐骄乐，乐佚游，乐宴乐，损矣。”

孔子告诉我们，快乐可分为两种，一种是有益的快乐，一种是有害的快乐。

对我们来说，要追求有益的快乐，避免有害的快乐。

比如，通过努力，获得好成绩。这个寒假，我参加了湖北省书法家协会少儿分会举办的第四届“翰仪杯”书法比赛。当我交上自己的书法作品时，少儿分会的主席不停地称赞我，说我写得真不错。这时，我感觉真快乐，平时练字的劳累，也都不见了。

又比如，帮助别人，也是一种有益的快乐。我的同学余宗岳，经常帮助我解答难题，和我分享好的学习方法，他觉得这样做，可以与我一起进步，很快乐。

其实，快乐很简单，就是要看这样的快乐，是有益，还是无益。

阳货篇 第十七 二十六则

导读

“阳货篇”的主要内容，是记录孔子与他人的交往、对“仁”的看法，以及对礼与乐作用的说明。

“阳货篇”中，也隐含着一些故事，挖掘一下，还很有趣。

比如说阳货这个人。阳货是当时鲁国最有权力的大臣，据说，阳货这个人，与孔子长得极相像。阳货很想拉拢孔子，利用孔子的名声，为自己服务。孔子当然不会答应，所以，阳货想尽办法，要见孔子。阳货先发制人，给孔子先送去礼物，这下孔子不好推辞了，人家送了礼物，总得去感谢一下。孔子本想趁阳货不在的时候去，没想到路上又碰到了阳货，只能硬着头皮相见了。当然，阳货又给孔子来了第二招，就是以孔子的“仁”为武器，去攻击孔子，企图让孔子与自己成为合伙人。孔子当然不好反驳，但肯定也不会答应，最后只是含糊地说了一下，自己可能会出来做官。

在“阳货篇”中，最容易引起大家责怪孔子的话，可能就是：“唯女子与小人为难养也，近之则不孙，远之则怨。”特别是女人，总认为孔子是看不起女人，所以将女子与小人等同起来。国学大家钱穆先生曾说，孔子提及的“女子与小人”，是指“家里的侍妾和仆人”，而不是指所有的女人，也不是指所有的小人。这种解释能启发我们，孔子说的每一句话，都是在特定的条件下说的，我们如果能尽可能多知道一些这样的条件，理解起来会更合理一些。

这，也是读《论语》必备的方法。

一

yáng huò yù jiàn kǒng zǐ kǒng zǐ bù jiàn kuì kǒng zǐ tún
阳货欲见孔子，孔子不见，归孔子豚。

kǒng zǐ sì qí wáng yě ér wǎng bài zhī
孔子时其亡也，而往拜之。

yù zhū tú
遇诸涂。

wèi kǒng zǐ yuē lái yú yǔ ěr yán yuē huái qí bǎo ér mí qí bāng kě wèi rén hū yuē bù kě hào cóng shì ér qì shī shí kě wèi zhì hū yuē bù kě rì yuè shì yǐ suì bù wǒ yǔ
谓孔子曰："来！予与尔言。"曰："怀其宝而迷其邦，可谓仁乎？"曰："不可。——好从事而亟失时，可谓知乎？"曰："不可。——日月逝矣，岁不我与。"

kǒng zǐ yuē nuò wú jiāng shì yǐ
孔子曰："诺；吾将仕矣。"

译 阳货想要孔子来拜见他，孔子不去，他就送给孔子一头(蒸熟了的)小猪。

孔子趁阳货不在家的时候，去拜谢。

没料到，两人在路上碰着了。

阳货对孔子说："过来，我和你谈谈。"他又说："自己有一身本领，却听任国家迷失方向，这可以说是仁爱吗？"孔子没吱声，阳货继续说："不可以。——喜欢为国家出力，却多次错过机会，这可以说是聪明吗？"孔子还是没吱声，阳货接着说："不可以。——太阳、月亮，升起落下，时光不等我呀。"

孔子这才说："好吧，我打算出来做官了。"

二

zǐ yuē xìng xiāng jìn yě xí xiāng yuǎn yě

子曰：“性相近也，习相远也。”

译　孔子说：“人的天性都差不多，但因为习染不同，人与人之间便相差很远了。”

〈三〉

zǐ yuē wéi shàng zhì yǔ xià yú bù yí
子曰："唯上知与下愚不移。"

译 孔子说："只有上等的聪明人和下等的傻瓜，是改变不了的。"

〈四〉

zǐ zhī wǔ chéng wén xián gē zhī shēng fū zǐ wǎn ěr
子之武城，闻弦歌之声。夫子莞尔
ér xiào yuē gē jī yān yòng niú dāo
而笑，曰："割鸡焉用牛刀？"

zǐ yóu duì yuē xī zhě yǎn yě wén zhū fū zǐ yuē
子游对曰："昔者偃也闻诸夫子曰：
jūn zǐ xué dào zé ài rén xiǎo rén xué dào zé yì shǐ yě
'君子学道则爱人，小人学道则易使也。'"

zǐ yuē èr sān zǐ yǎn zhī yán shì yě qián yán
子曰："二三子！偃之言是也。前言
xì zhī ěr
戏之耳。"

译 孔子到了武城这个地方，听到了弹琴唱歌的声音。孔子微微一笑，说："杀鸡何必要用宰牛的刀？"

子游回答说："以前我听老师说过：'君子学习道，就知道关爱别人，老百姓学习道，就容易听从指挥。'"

孔子说："同学们！言偃（子游）的这话很正确。我刚才说的话，不过是同他开个玩笑罢了。"

〈五〉

gōng shān fú rǎo yǐ bì pàn zhào zǐ yù wǎng zǐ
公山弗扰以费畔，召，子欲往。子
lù bù yuè yuē mò zhī yě yǐ hé bì gōng shān shì
路不说，曰：“末之也已，何必公山氏
zhī zhī yě
之之也？”

zǐ yuē fú zhào wǒ zhě ér qǐ tú zāi rú yǒu
子曰：“夫召我者，而岂徒哉？如有
yòng wǒ zhě wú qí wéi dōng zhōu hū
用我者，吾其为东周乎？”

㊟译 公山弗扰这个人，占据费这个地方，准备造反，召唤孔子一起去，孔子也准备去。子路很不高兴，说：“没地方去了吗，何必一定要去公山氏那里呢？”

孔子说：“那个召唤我去的人，难道是白白地召唤我吗？假若真正有人用我，我恐怕能复兴一个东周吧？”

六

zǐ zhāng wèn rén yú kǒng zǐ kǒng zǐ yuē néng xíng wǔ
子张问仁于孔子。孔子曰：“能行五
zhě yú tiān xià wéi rén yǐ
者于天下，为仁矣。”

qǐng wèn zhī yuē gōng kuān xìn mǐn
“请问之。”曰：“恭，宽，信，敏，
huì gōng zé bù wǔ kuān zé dé zhòng xìn zé rén rèn yān
惠。恭则不侮，宽则得众，信则人任焉，
mǐn zé yǒu gōng huì zé zú yǐ shǐ rén
敏则有功，惠则足以使人。”

译 子张向孔子请教什么是仁德。孔子说：“能施行五件事于天下，就是有仁德的人。”

子张说：“请问是哪五件事。”孔子说：“庄重，宽厚，诚信，聪敏，慈惠。庄重，就不会受到侮辱，宽厚，就会得到人们的拥护，诚实守信，就会被人信任，聪明敏捷，办事就容易成功，仁慈、能施恩惠给别人，就容易让人出力。”

七

bì xī zhào zǐ yù wǎng zǐ lù yuē xī zhě yóu
佛肸召，子欲往。子路曰：“昔者由
yě wén zhū fū zǐ yuē qīn yú qí shēn wéi bù shàn zhě jūn
也闻诸夫子曰：‘亲于其身为不善者，君
zǐ bù rù yě bì xī yǐ zhōng mù pàn zǐ zhī wǎng yě
子不入也。’佛肸以中牟畔，子之往也，
rú zhī hé
如之何？”

zǐ yuē rán yǒu shì yán yě bù yuē jiān hū
子曰：“然，有是言也。不曰坚乎，
mó ér bù lìn bù yuē bái hū niè ér bù zī wú qǐ
磨而不磷；不曰白乎，涅而不缁。吾岂
páo guā yě zāi yān néng xì ér bù shí
匏瓜也哉？焉能系而不食？”

译 佛肸这个人召唤孔子去，孔子打算前往。子路说：“从前我听老师您说过：‘一个人亲自做了坏事，君子是不去他那里的。’现在，佛肸占据中牟这个地方，制造叛乱，您却要去他那里，怎么说得过去呢？”

孔子说：“对，我是说过这话。但是，不是说坚硬的东西，使劲磨，也磨不薄？洁白的东西，怎么用黑颜料染，也染不黑吗？我难道就是一个匏瓜吗？只是挂在那里，而不给别人吃呢？”

八

zǐ yuē　yóu yě　rǔ wén liù yán liù bì yǐ hū

子曰："由也！女闻六言六蔽矣乎？"

duì yuē　wèi yě

对曰："未也。"

jū　wú yù rǔ　hào rén bù hào xué　qí bì yě

"居！吾语女。好仁不好学，其蔽也

yú　hào zhì bù hào xué　qí bì yě dàng　hào xìn bù hào

愚；好知不好学，其蔽也荡；好信不好

xué　qí bì yě zéi　hào zhí bù hào xué　qí bì yě jiǎo

学，其蔽也贼；好直不好学，其蔽也绞；

hào yǒng bù hào xué　qí bì yě luàn　hào gāng bù hào xué

好勇不好学，其蔽也乱；好刚不好学，

qí bì yě kuáng

其蔽也狂。"

译　孔子说："仲由，你听说过一种说法，就是六种品德会带来六种弊病吗？"子路回答说："没有。"

孔子说："坐下吧！我来告诉你。爱好仁德，却不爱学习，这样做的弊病就是愚蠢；爱好智慧，却不爱学习，这样做的弊病就是人会飘荡起来，没有基础；爱好诚信，却不爱学习，这样做的弊病就是容易被人利用，反过来伤害自己；爱好正直，却不爱学习，这样做的弊病就是容易急躁；爱好勇敢，却不爱学习，这样做的弊病就是容易捣乱闯祸；爱好刚强，却不爱学习，这样做的弊病就是容易狂妄。"

九

zǐ yuē xiǎo zǐ hé mò xué fú shī shī
子曰："小子何莫学夫《诗》？《诗》，
kě yǐ xīng kě yǐ guān kě yǐ qún kě yǐ yuàn ěr
可以兴，可以观，可以群，可以怨。迩
zhī shì fù yuǎn zhī shì jūn duō shí yú niǎo shòu cǎo mù zhī
之事父，远之事君；多识于鸟兽草木之
míng
名。"

译 孔子说："同学们，为什么不学习《诗经》？读这样的诗篇，可以学习借景抒情，可以观察民情风俗，可以培养合群的能力，可以学会批评时事政治的方法。从近处讲，可以用来孝顺父母；从远处来讲，可以用来事奉君主；还可以多认识鸟兽草木的名称。"

十

zǐ wèi bó yú yuē rǔ wéi zhōu nán shào nán
子谓伯鱼曰："女为《周南》《召南》
yǐ hū rén ér bù wéi zhōu nán shào nán qí yóu zhèng
矣乎？人而不为《周南》《召南》，其犹正
qiáng miàn ér lì yě yú
墙面而立也与？"

译 孔子对伯鱼说："你研读过《周南》和《召南》这些诗篇了吗？如果一个人，不研习《周南》和《召南》这些诗篇，就好像正对着墙壁站立罢了！"

十一

zǐ yuē lǐ yún lǐ yún yù bó yún hū zāi yuè
子曰："礼云礼云，玉帛云乎哉？乐
yún yuè yún zhōng gǔ yún hū zāi
云乐云，钟鼓云乎哉？"

译 孔子说："礼呀礼呀，就是指玉和帛这些礼物吗？乐呀乐呀，就是指钟、鼓这些乐器吗？"

十二

zǐ yuē sè lì ér nèi rěn pì zhū xiǎo rén qí
子曰："色厉而内荏，譬诸小人，其
yóu chuān yú zhī dào yě yú
犹穿窬之盗也与？"

译 孔子说："外表很严厉，内心却非常胆怯，如果用坏人打比方，这种人就是个挖洞跳墙的小偷呀！"

十三

zǐ yuē xiāng yuàn dé zhī zéi yě
子曰："乡原，德之贼也。"

译 孔子说："不明是非的好好先生，是道德败坏的小人。"

十四

zǐ yuē dào tīng ér tú shuō dé zhī qì yě
子曰："道听而涂说，德之弃也。"

译 孔子说："在路上一听到什么消息，就四处传播，这就像抛弃了道德。"

十五

zǐ yuē bǐ fū kě yǔ shì jūn yě yú zāi qí wèi
子曰："鄙夫可与事君也与哉？其未
dé zhī yě huàn dé zhī jì dé zhī huàn shī zhī gǒu
得之也，患得之。既得之，患失之。苟
huàn shī zhī wú suǒ bù zhì yǐ
患失之，无所不至矣。"

译　孔子说："一个粗鄙的人，能同他一起事奉君主吗？当他没有得到的时候，生怕得不到；已经得到了，又怕失去。假若怕失去，就会无所不用其极了。"

十六

zǐ yuē gǔ zhě mín yǒu sān jí jīn yě huò shì zhī
子曰："古者民有三疾，今也或是之
wú yě gǔ zhī kuáng yě sì jīn zhī kuáng yě dàng gǔ zhī
亡也。古之狂也肆，今之狂也荡；古之
jīn yě lián jīn zhī jīn yě fèn lì gǔ zhī yú yě zhí
矜也廉，今之矜也忿戾；古之愚也直，
jīn zhī yú yě zhà ér yǐ yǐ
今之愚也诈而已矣。"

译　孔子说："古代的人有三种常见的毛病，现在的人，或许连这样的毛病也没有了。古代的狂人，能够直言无忌，现在的狂人，放荡，没有原则；古代矜持的人，还有凛然不可冒犯的地方，现在矜持的人，只会恼羞成怒，蛮不讲理；古代的愚人正直，现在的愚人只会欺诈罢了。"

十七

zǐ yuē qiǎo yán lìng sè xiǎn yǐ rén
子曰："巧言令色，鲜矣仁。"

译 孔子说："花言巧语，满脸讨好、巴结的表情，这种人，是很少有仁德的。"

十八

zǐ yuē wù zǐ zhī duó zhū yě wù zhèngshēng zhī luàn yǎ yuè yě wù lì kǒu zhī fù bāng jiā zhě
子曰："恶紫之夺朱也，恶郑声之乱雅乐也，恶利口之覆邦家者。"

译 孔子说："我厌恶紫色抢夺了红色的地位；我厌恶郑国的乐曲，破坏了优雅的乐曲；我厌恶那些伶牙利齿的人，使国家灭亡。"

十九

zǐ yuē yú yù wú yán zǐ gòng yuē zǐ rú bù yán zé xiǎo zǐ hé shù yān zǐ yuē tiān hé yán zāi sì shí xíng yān bǎi wù shēng yān tiān hé yán zāi
子曰："予欲无言。"子贡曰："子如不言，则小子何述焉？"子曰："天何言哉？四时行焉，百物生焉，天何言哉？"

译 孔子说："我想再也不说什么了。"子贡说："老师您如果不再说话了，那学生们传述什么呢？"孔子说："天说过什么吗？四季照样运行，万物照样生长，天说过什么吗？"

二十

rú bēi yù jiàn kǒng zǐ kǒng zǐ cí yǐ jí jiāng mìng
孺悲欲见孔子，孔子辞以疾。将命

zhě chū hù qǔ sè ér gē shǐ zhī wén zhī
者出户，取瑟而歌，使之闻之。

译 孺悲想要拜见孔子，孔子说自己生病了，拒绝相见。传达命令的人刚出门，孔子便取过瑟，弹了起来，并且唱着歌，故意使孺悲听到。

二十一

宰我问："三年之丧，期已久矣。君子三年不为礼，礼必坏；三年不为乐，乐必崩。旧谷既没，新谷既升，钻燧改火，期可已矣。"

子曰："食夫稻，衣夫锦，于女安乎？"

曰："安。"

"女安，则为之！夫君子之居丧，食旨不甘，闻乐不乐，居处不安，故不为也。今女安，则为之！"

宰我出，子曰："予之不仁也！子生三年，然后免于父母之怀。夫三年之丧，天下之通丧也，予也有三年之爱于其父母乎！"

译

宰我问孔子："父母去世了，守孝三年，时间也太久了吧。君子三年不学习礼仪，礼仪一定会废弃；三年不演奏音乐，音乐一定会失传。陈年的稻谷已经吃完，新生的稻谷又已成熟；钻洞取火的木材都换了一回，守孝一年就可以了吧。"

孔子说："父母去世不到三年，你就吃白米饭，穿漂亮衣服，你会心安吗？"

宰我回答说："我心安。"

孔子说："你心安，你就这样做吧！君子为父母守孝，再好吃的美味，都不觉得香甜，再好听的音乐，都不觉得好听，日常起居，不觉得舒适，所以不这样做。现在你既然觉得心安，就这样做吧！"

宰我退出来后，孔子说："宰予（宰我）真是个没有仁德的人呀！孩子生下来，三年才能完全离开父母的怀抱。替父母守孝三年，所有人都是这么做的。宰予也应该从他的父母那里，得到了三年被怀抱着的爱护吧！"

二十二

zǐ yuē　bǎo shí zhōng rì　wú suǒ yòng xīn　nán yǐ
子曰："饱食终日，无所用心，难矣
zāi　bù yǒu bó yì zhě hū　wéi zhī　yóu xián hū yǐ
哉！不有博弈者乎？为之，犹贤乎已。"

译　孔子说："一天到晚，只知道吃饱饭，什么事也不做，难成人成事呀！不是有六博和下棋这样的游戏吗？玩玩这些游戏，也比闲着好啊。"

二十三

zǐ lù yuē　jūn zǐ shàng yǒng hū　zǐ yuē　jūn
子路曰："君子尚勇乎？"子曰："君
zǐ yì yǐ wéi shàng　jūn zǐ yǒu yǒng ér wú yì wéi luàn　xiǎo
子义以为上，君子有勇而无义为乱，小
rén yǒu yǒng ér wú yì wéi dào
人有勇而无义为盗。"

译　子路问孔子："君子崇尚勇敢吗？"孔子说："君子认为道义是最宝贵的，君子如果只有勇敢，不讲道义，就会叛乱；小人只有勇敢，不讲道义，就会成为强盗。"

二十四

zǐ gòng yuē jūn zǐ yì yǒu wù hū zǐ yuē
子贡曰："君子亦有恶乎？"子曰：

yǒu wù wù chēng rén zhī è zhě wù jū xià liú ér shàn
"有恶：恶称人之恶者，恶居下流而讪

shàng zhě wù yǒng ér wú lǐ zhě wù guǒ gǎn ér zhì zhě
上者，恶勇而无礼者，恶果敢而窒者。"

yuē cì yě yì yǒu wù hū wù jiāo yǐ wéi zhì
曰："赐也亦有恶乎？""恶徼以为知

zhě wù bù xùn yǐ wéi yǒng zhě wù jié yǐ wéi zhí zhě
者，恶不孙以为勇者，恶讦以为直者。"

译 子贡问孔子："君子也会讨厌什么吗？"孔子说："有讨厌的事：讨厌只说别人的坏话，讨厌职位低的人毁谤自己的上级，讨厌勇敢但没有礼节的人，讨厌敢作敢为但固执不化的人。"

孔子也问子贡："赐，你也有什么讨厌的吗？"子贡回答说："我讨厌偷别人的成果，据为己有的'聪明人'，讨厌不知道谦虚，还自以为这是勇敢的人，讨厌揭发别人的秘密，还自以为是直率的人。"

二十五

zǐ yuē wéi nǚ zǐ yǔ xiǎo rén wéi nán yǎng yě jìn zhī zé bù xùn yuǎn zhī zé yuàn

子曰："唯女子与小人为难养也，近之则不孙，远之则怨。"

译 孔子道："只有女人和小人，是难于打交道的，亲近他们，他们会无礼，疏远他们，他们又会怨恨。"

二十六

zǐ yuē nián sì shí ér jiàn wù yān qí zhōng yě yǐ

子曰："年四十而见恶焉，其终也已。"

译 孔子说："一个人，到了四十岁还被厌恶，这个人一辈子也就完了。"

读后感

道听途说

听到别人说什么就相信，并且到处传播，也不管别人说的是否真实、正确，是种不好的行为。

在“阳货篇”中，孔子说的一句话，就是告诉我们不能这么干，这句话是：

子曰：“道听而涂说，德之弃也。”

孔子的意思，就是道听途说的人，是没有道德的人，这可是非常严厉的批评。

在生活、学习中，我们一不小心，就可能犯这个错误。比如，我在看《最强大脑》这个节目时，发现一些人在屏幕上说什么人输了，什么人赢了，要是不认真想一下，还真以为是这么回事。但仔细一想，比赛结果，会正式公布，不会随便由某个人说了算，所以，这样的话，信不得。

又如，在学习中，也不能“道听途说”，学习知识，可不能随便由别人说了算，特别是重要的知识点，一定要自己弄个明白，不能别人这么说，自己就轻易信了，要小心探究。这样学来的知识，才过硬。

道听途说，有时候真会害死人，千万不能做个这样的人。

微子篇 第十八 十一则

·导读·

“微子篇”的主要内容，是对宋微子、比干这样的贤人的评价。其中，孔子讲得最多的，是古代的隐士，如楚狂接舆、荷蓧丈人等。

隐士的故事，总能带给我们启发。

比如许由，被称为最早的隐士，据说做过尧、舜、禹的老师。有一次，尧帝想让他当君主，他二话没说，就躲到了箕山下，自己种地，养活自己。尧帝后来又想让他做官，许由实在是生气，直接跑到颍水边，洗自己的耳朵，他觉得，这样的话，玷污了他的耳朵。

这样的隐士，我们不能确定是否真正存在。

但是，有些隐士，肯定是真实存在的，比如三国时期的嵇康。

嵇康不喜欢做官，他就隐居起来，做个铁匠，以打铁为生。当时有个叫钟会的人，特别想和嵇康做朋友，想借嵇康的名声来抬高自己。嵇康当然不会干这事，根本不搭理钟会。只有一次，嵇康在钟会离开的时候，问了他一句：“何所闻而来，何所见而去？”钟会无趣地回答：“闻所闻而来，见所见而去。”钟会对嵇康瞧不起自己，怀恨在心，最后诬陷嵇康，导致嵇康被杀，当时嵇康只有四十岁。

嵇康虽然被杀，但他留下的著作，有关他的故事，一直在流传，一直在影响着中国人。

一

wēi zǐ qù zhī jī zǐ wéi zhī nú bǐ gān jiàn ér
微子去之，箕子为之奴，比干谏而
sǐ kǒng zǐ yuē yīn yǒu sān rén yān
死。孔子曰：“殷有三仁焉。”

译 （商纣王是个残暴的君主，）微子离开了他，箕子成了他的奴隶，比干劝谏他，被杀死。孔子说：“殷代有三位仁人。”

二

liǔ xià huì wéi shì shī sān chù rén yuē zǐ wèi
柳下惠为士师，三黜。人曰：“子未
kě yǐ qù hū yuē zhí dào ér shì rén yān wǎng ér
可以去乎？”曰：“直道而事人，焉往而
bù sān chù wǎng dào ér shì rén hé bì qù fù mǔ zhī bāng
不三黜？枉道而事人，何必去父母之邦？”

译 柳下惠做法官，好几次被撤职。有人对他说：“您不可以离开鲁国吗？”柳下惠说：“我正直地对人、对事，到哪里去，不被多次撤职呢？对人、对事不正直，用得着离开自己的祖国吗？”

三

qí jǐng gōng dài kǒng zǐ yuē ruò jì shì zé wú bù
齐景公待孔子曰："若季氏，则吾不
néng yǐ jì mèng zhī jiān dài zhī yuē wú lǎo yǐ
能；以季、孟之间待之。"曰："吾老矣，
bù néng yòng yě kǒng zǐ xíng
不能用也。"孔子行。

译 齐景公讲到如何对待孔子时说："要像鲁君对待季氏那样对待孔子，那我做不到；我只能以比季氏差，但比孟氏好的待遇来待他。"可是过了不久，齐景公又说："我老了，没什么用了。"孔子便离开了齐国。

四

qí rén kuì nǚ yuè jì huán zǐ shòu zhī sān rì bù
齐人归女乐，季桓子受之，三日不
cháo kǒng zǐ xíng
朝，孔子行。

译　齐国送了很多歌女、舞女给鲁国，季桓子都接受了，而且三天不过问政事，孔子便离开了鲁国。

五

chǔ kuáng jiē yú gē ér guò kǒng zǐ yuē fèng xī fèng
楚狂接舆歌而过孔子曰：“凤兮凤
xī hé dé zhī shuāi wǎng zhě bù kě jiàn lái zhě yóu kě
兮！何德之衰？往者不可谏，来者犹可
zhuī yǐ ér yǐ ér jīn zhī cóng zhèng zhě dài ér
追。已而，已而！今之从政者殆而！”
kǒng zǐ xià yù yǔ zhī yán qū ér bì zhī bù
孔子下，欲与之言。趋而辟之，不
dé yǔ zhī yán
得与之言。

译　楚国的狂人接舆，一面走过孔子的车旁边，一面唱着歌：“凤凰呀，凤凰呀！你的德行已经这么衰弱了？已经过去了的，不能再劝回，未到来的，还可以追求。算了吧，算了吧！如今执政的人，已经很危险了！”

孔子下车来，想和他谈谈。但他却迅速离开，躲避起来，孔子没法和他交谈。

六

cháng jū jié nì ǒu ér gēng, kǒng zǐ guò zhī, shǐ zǐ lù wèn jīn yān.
长沮、桀溺耦而耕，孔子过之，使子路问津焉。

cháng jū yuē: "fú zhí yú zhě wéi shéi?"
长沮曰：“夫执舆者为谁？”

zǐ lù yuē: "wéi kǒng qiū."
子路曰：“为孔丘。”

yuē: "shì lǔ kǒng qiū yú?"
曰：“是鲁孔丘与？”

yuē: "shì yě."
曰：“是也。”

yuē: "shì zhī jīn yǐ."
曰：”是知津矣。”

wèn yú jié nì.
问于桀溺。

jié nì yuē: "zǐ wéi shéi?"
桀溺曰：“子为谁？”

yuē: "wéi zhòng yóu."
曰：”为仲由。”

yuē: "shì lǔ kǒng qiū zhī tú yú?"
曰：“是鲁孔丘之徒与？”

duì yuē: "rán."
对曰：”然。”

yuē: "tāo tāo zhě tiān xià jiē shì yě, ér shéi yǐ yì zhī? qiě ěr yǔ qí cóng bì rén zhī shì yě, qǐ ruò cóng bì shì zhī shì zāi?" yōu ér bù chuò.
曰：“滔滔者天下皆是也，而谁以易之？且而与其从辟人之士也，岂若从辟世之士哉？”耰而不辍。

zǐ lù xíng yǐ gào.
子路行以告。

fū zǐ wǔ rán yuē niǎo shòu bù kě yǔ tóng qún wú
夫子怃然曰："鸟兽不可与同群，吾

fēi sī rén zhī tú yǔ ér shéi yǔ tiān xià yǒu dào qiū bù
非斯人之徒与而谁与？天下有道，丘不

yǔ yì yě
与易也。"

译 长沮、桀溺这两个人在一起耕田，孔子从那儿经过，让子路去问他们，渡口在哪儿。

长沮问子路："驾车子的人是谁？"

子路说："是孔丘。"

长沮又问："是鲁国的孔丘吗？"

子路说："是的。"

长沮说："是他呀，他知道渡口在哪儿。"

子路去问桀溺。

桀溺说："您是谁？"

子路说："我是仲由。"

桀溺说："您是鲁国孔丘的学生吗？"

子路说："对。"

桀溺说："天底下，不好的东西像洪水一样，到处都是，谁能改变它呢？你与其跟着逃避坏人的人，哪里比得上跟着逃避整个社会的人呢？"说完后，仍旧不停地种地干活。

子路走回来告诉孔子。

孔子失望地说："我们不能变成与鸟兽一样，我不与人群打交道，又和谁打交道呢？如果天下太平，我也不会与你们一起来做改革的事了。"

七

子路从而后，遇丈人，以杖荷蓧。子路问曰：“子见夫子乎？”丈人曰：“四体不勤，五谷不分。孰为夫子？”植其杖而芸。

子路拱而立。止子路宿，杀鸡为黍而食之，见其二子焉。明日，子路行以告。

子曰：“隐者也。”使子路反见之。至，则行矣。子路曰：“不仕无义。长幼之节，不可废也；君臣之义，如之何其废之？欲洁其身，而乱大伦。君子之仕也，行其义也。道之不行，已知之矣。”

译 子路跟随孔子，落在后面了，碰见一个老头，用拐杖挑着除草用的工具。子路问这个老人：“请问您看见我老师了吗？”老人说：“有一帮人从这儿经过，双手双脚不劳动，五谷都分不清楚，谁是你的老师呢？”说完，将拐杖插在地上，开始锄草。

(译) 子路双手拱着，恭敬地站在旁边。老人就留子路在他家住下，杀鸡、做饭给子路吃，又让他的两个儿子出来拜见子路。第二天，子路赶上了孔子，告诉他这件事。孔子说："好一位隐士！"叫子路再回去拜见他。子路到了那里，老人却离开了。子路说："不出来做官是不对的。年长与年幼之间的礼节，不能废弃；君主与臣子之间的大义，又怎么能废弃呢？你只想洁身自好，没想到弄乱了君主与臣子之间的关系。君子出来做官，是应尽的职责。我们治理国家的主张行不通，我早就知道了。"

八

yì mín bó yí shū qí yú zhòng yí yì zhū zhāng
逸民：伯夷、叔齐、虞仲、夷逸、朱张、
liǔ xià huì shào lián zǐ yuē bù jiàng qí zhì bù rǔ
柳下惠、少连。子曰：“不降其志，不辱
qí shēn bó yí shū qí yú wèi liǔ xià huì shào
其身，伯夷、叔齐与！”谓：“柳下惠、少
lián jiàng zhì rǔ shēn yǐ yán zhòng lún xíng zhòng lǜ qí
连，降志辱身矣，言中伦，行中虑，其
sī ér yǐ yǐ wèi yú zhòng yí yì yǐn jū fàng
斯而已矣。”谓：“虞仲、夷逸，隐居放
yán shēn zhòng qīng fèi zhòng quán wǒ zé yì yú shì wú
言，身中清，废中权。我则异于是，无
kě wú bù kě
可无不可。”

译 古代隐逸的人有：伯夷、叔齐、虞仲、夷逸、朱张、柳下惠、少连。孔子说：“不降低自己的志向，不侮辱自己的身份，是伯夷、叔齐吧！”又说：“柳下惠、少连，降低自己的志向，侮辱自己的身份，可是说话符合规矩，行为经过思考，不过只有这些了。”又说：“虞仲、夷逸，隐居起来，直言直语，行为符合清廉的标准，丢弃官位，也是他们的策略。我就和这些人不同，没有什么可以的，也没有什么不可以。”

九

tài shī zhì shì qí yà fàn gān shì chǔ sān fàn liáo
大师挚适齐，亚饭干适楚，三饭缭
shì cài sì fàn quē shì qín gǔ fāng shū rù yú hé bō
适蔡，四饭缺适秦，鼓方叔入于河，播
táo wǔ rù yú hàn shào shī yáng jī qìng xiāng rù yú hǎi
鼗武入于汉，少师阳、击磬襄入于海。

译 太师挚逃到了齐国，亚饭干逃到了楚国，三饭缭逃到了蔡国，四饭缺逃到了秦国，鼓方叔住到了黄河之滨，摇小鼓的武住到汉水，少师阳、击磬襄住到了海边。

十

zhōu gōng wèi lǔ gōng yuē jūn zǐ bù shī qí qīn bù
周公谓鲁公曰："君子不施其亲，不
shǐ dà chén yuàn hū bù yǐ gù jiù wú dà gù zé bù qì
使大臣怨乎不以。故旧无大故，则不弃
yě wú qiú bèi yú yī rén
也。无求备于一人！"

译 周公对鲁公说："君子不要忘记自己的亲属，不要让大臣们抱怨，自己没有被任用。老臣、老交情，没有严重的错误，就不要抛弃他们。不要对人求全责备！"

十一

zhōu yǒu bā shì bó dá bó kuò zhòng tū zhòng hū
周有八士：伯达、伯适、仲突、仲忽、
shū yè shū xià jì suí jì guā
叔夜、叔夏、季随、季骃。

译 周朝有八个士人：伯达、伯适、仲突、仲忽、叔夜、叔夏、季随、季骃。

读后感

我理解的“求全责备”

有时候，我们要追求完美，有时候，我们又不能求全责备。

在“微子篇”中，有一句话，说的就是这个意思：

周公谓鲁公曰：“君子不施其亲，不使大臣怨乎不以。故旧无大故，则不弃也。无求备于一人！”

“无求备于一人”，就是说，不能要求一个人，每个方面都做得很好。

比如，在学习中，我们经常要面临考试。考试时，大家都是鼓足劲，想做出所有的题，这是好事呀。可是，考试时，并不是所有的题都能做出来，这时候，就不能“求备于一人”，要每道题都会做。当然，对不会做的题，不是放弃不管，而是要不气馁，在考试结束后，继续探索，找到原因，弥补不足，最终攻克难题。

当然，需要追求完美的时候，我们要全力以赴。比如，老一辈无产阶级革命家，像毛泽东主席，长征中爬雪山，过草地，打日寇，解放全中国，对这样的国家大事，就丝毫不能马虎，必须谨慎、再谨慎，追求完美，力求做到最好。

这就是我理解的“求全责备”。

遣使質疑

子张篇第十九

二十五则

·导读·

“子张篇”记录的主要内容，是孔子的学生，在学到知识后，对这些知识的理解与运用，以及对老师的敬仰。

子张，在孔子的学生中，也是很重要的一位。子张，就是颛孙师，字子张，他比孔子小48岁。

据《吕氏春秋》等书的记载，子张出身贫寒，还可能是有犯罪记录的人。子张这样的人生经历，一方面，使他的性格有怪僻、过激的特点，所以，孔子会这样评价子张：“师也辟”，“师也过”；另一方面，也使子张得到了锻炼，更懂得学习的重要性，因此，在拜孔子为师后，努力学习。《论语》中也有记载，孔子解答完子张提出的问题后，子张赶紧将答案记在衣服的带子上，作为“座右铭”，警醒自己。子张用知识改变命运，他成功地做到了这一点。

子张与子路一样，都有勇武精神。如在“子张篇”的第一则，子张认为，作为“士”，应该“见危致命”，就是有了危险，在必要的时候，可以献出生命，这都是勇武之人具有的特征。在《太平御览》这部很“大”的书中，也这样评价子张：“子路勇且力。其次子贡为智，曾参为孝，颜回为仁，子张为武。”“武”这特点，其实比“勇”更宽泛一点，所以说子路“勇且力”，勇猛，力气大，而说子张是“武”，即子张不仅仅是勇猛有力，而且可能包括武略、计谋等方面。

在“子张篇”中，子贡、子张等对老师的尊重，也值得我们学习，尊敬老师，每个人都应该做到。

一

zǐ zhāng yuē shì jiàn wēi zhì mìng jiàn dé sī yì
子张曰：“士见危致命，见得思义，
jì sī jìng sāng sī āi qí kě yǐ yǐ
祭思敬，丧思哀，其可已矣。”

译　子张说：“作为士人，遇到危险，不惧献出生命，看见了利益，就要考虑是否该得，祭祀的时候，要想到严肃恭敬，在办丧事时，要表现悲哀，这样也就可以了。”

二

zǐ zhāng yuē zhí dé bù hóng xìn dào bù dǔ yān
子张曰：“执德不弘，信道不笃，焉
néng wéi yǒu yān néng wéi wú
能为有？焉能为亡？”

译　子张说：“讲道德，不坚决，讲信仰，又不忠诚，这种人有他不多，没他不少。”

三

zǐ xià zhī mén rén wèn jiāo yú zǐ zhāng zǐ zhāng yuē
子夏之门人问交于子张。子张曰：

zǐ xià yún hé duì yuē zǐ xià yuē kě zhě yǔ
“子夏云何？”对曰：“子夏曰：‘可者与

zhī qí bù kě zhě jù zhī zǐ zhāng yuē yì hū wú
之，其不可者拒之。’”子张曰：“异乎吾

suǒ wén jūn zǐ zūn xián ér róng zhòng jiā shàn ér jīn bù néng
所闻：君子尊贤而容众，嘉善而矜不能。

wǒ zhī dà xián yú yú rén hé suǒ bù róng wǒ zhī bù xián
我之大贤与，于人何所不容？我之不贤

yú rén jiāng jù wǒ rú zhī hé qí jù rén yě
与，人将拒我，如之何其拒人也？”

译 子夏的学生向子张请教交朋友的方法。子张说："子夏是怎么说的？"那个学生说："子夏说：'可以交的朋友才交，不可以交的人，就拒绝他。'"子张说："我听到的与你说的不同：君子尊敬贤能的人，也容得下一般人；嘉奖好人，也怜悯能力弱的人。如果我是非常贤能的人，什么人能容不下呢？如果我是个大坏人，别人都会拒绝我，我又怎能去拒绝别人呢？"

四

zǐ xià yuē suī xiǎo dào bì yǒu kě guān zhě yān
子夏曰："虽小道，必有可观者焉；
zhì yuǎn kǒng nì shì yǐ jūn zǐ bù wéi yě
致远恐泥，是以君子不为也。"

译 子夏说："虽然是小技巧，也一定有值得仔细察看的地方；只是怕它耽误了远大事业，所以君子不弄这些小技巧。"

五

zǐ xià yuē rì zhī qí suǒ wú yuè wú wàng qí suǒ
子夏曰："日知其所亡，月无忘其所
néng kě wèi hào xué yě yǐ yǐ
能，可谓好学也已矣。"

译 子夏说："每天能学到一点未知的知识，每个月记住已经学会的，这样可以说是好学了。"

六

zǐ xià yuē bó xué ér dǔ zhì qiè wèn ér jìn
子夏曰："博学而笃志，切问而近
sī rén zài qí zhōng yǐ
思，仁在其中矣。"

译 子夏说："广泛地学习，坚定志向，亲切诚恳地发问，多思考当前的事，仁德就在这中间了。"

七

zǐ xià yuē bǎi gōng jū sì yǐ chéng qí shì, jūn zǐ xué yǐ zhì qí dào

子夏曰：“百工居肆以成其事，君子学以致其道。”

译 子夏说：“各行各业的工匠，在他们制作的地方，完成他们的工作，君子则通过学习，获得仁道。”

八

zǐ xià yuē xiǎo rén zhī guò yě bì wén

子夏曰：“小人之过也必文。”

译 子夏说：“小人犯了错误，一定会进行掩饰。”

九

zǐ xià yuē jūn zǐ yǒu sān biàn wàng zhī yǎn rán, jí zhī yě wēn, tīng qí yán yě lì

子夏曰：“君子有三变：望之俨然，即之也温，听其言也厉。”

译 子夏说：“君子有三种变化：远望着的时候，庄严，有威仪；靠近他的时候，温和可亲；听他说话，果断，不含糊。”

十

zǐ xià yuē jūn zǐ xìn ér hòu láo qí mín wèi
子夏曰：“君子信而后劳其民；未
xìn zé yǐ wéi lì jǐ yě xìn ér hòu jiàn wèi xìn
信，则以为厉己也。信而后谏；未信，
zé yǐ wéi bàng jǐ yě
则以为谤己也。”

译 子夏说：“作为君子，必须得到老百姓信任后，才可以调动他们去劳动；没得到老百姓的信任，老百姓会认为是在折磨他们。必须得到君主的信任，才能去劝谏他，否则，君主会认为你在毁谤他。”

十一

zǐ xià yuē dà dé bù yú xián xiǎo dé chū rù kě
子夏曰：“大德不逾闲，小德出入可
yě
也。”

译 子夏说：“人的仁德，在重大的方面不能越过界线，在小的方面可以稍稍放松一点。”

十二

zǐ yóu yuē zǐ xià zhī mén rén xiǎo zǐ dāng sǎ
子游曰："子夏之门人小子，当洒
sǎo yìng duì jìn tuì zé kě yǐ yì mò yě běn zhī
扫、应对、进退，则可矣，抑末也。本之
zé wú rú zhī hé
则无，如之何？"

zǐ xià wén zhī yuē yī yán yóu guò yǐ jūn
子夏闻之，曰："噫！言游过矣！君
zǐ zhī dào shú xiān chuán yān shú hòu juàn yān pì zhū cǎo
子之道，孰先传焉？孰后倦焉？譬诸草
mù qū yǐ bié yǐ jūn zǐ zhī dào yān kě wū yě
木，区以别矣。君子之道，焉可诬也？
yǒu shǐ yǒu zú zhě qí wéi shèng rén hū
有始有卒者，其惟圣人乎！"

译 子游说道："子夏的学生们，让他们做扫扫地、接待一下客人、迎来送往这样的事，还可以，不过这些都是细小的事。学问基础这些最重要的东西，却不具备，怎么办呢？"

子夏听到后说："唉！言游（子游）说错了！君子的学问，先传授哪一种，后传授哪一种，学习的人能不厌倦呢？比如花草树木，可以区别为各种各样的。君子的学问，哪能歪曲呢？传授学问能有始有终的，大概只有圣人吧！"

十三

zǐ xià yuē shì ér yōu zé xué xué ér yōu zé shì
子夏曰："仕而优则学，学而优则仕。"

译 子夏说："做官做好了，有余力，便加强学习；学习好了，有余力，便去做官。"

十四

zǐ yóu yuē sāng zhì hū āi ér zhǐ
子游曰："丧致乎哀而止。"

译 子游说："办丧事，充分表现悲哀的感情就可以了。"

十五

zǐ yóu yuē wú yǒu zhāng yě wéi nán néng yě rán ér wèi rén
子游曰："吾友张也为难能也，然而未仁。"

译 子游说："我的朋友子张，是难能可贵的，然而还没有到达仁人的境界。"

十六

zēng zǐ yuē táng táng hū zhāng yě nán yǔ bìng wéi rén yǐ
曾子曰："堂堂乎张也，难与并为仁矣。"

译 曾子说："子张威仪堂堂，别人难以与他一起进入仁德的境界中。"

十七

zēng zǐ yuē wú wén zhū fū zǐ rén wèi yǒu zì zhì
曾子曰："吾闻诸夫子：人未有自致

zhě yě bì yě qīn sāng hū
者也，必也亲丧乎！"

译　曾子说："我听老师说过，一般情况下，人们不会任感情自动宣泄，只是在父母去世的时候才这样啊！"

十八

zēng zǐ yuē wú wén zhū fū zǐ mèngzhuāng zǐ zhī xiào
曾子曰："吾闻诸夫子：孟庄子之孝

yě qí tā kě néng yě qí bù gǎi fù zhī chén yǔ fù zhī
也，其他可能也；其不改父之臣与父之

zhèng shì nán néng yě
政，是难能也。"

译　曾子说："我听老师说过：孟庄子的孝顺，别的方面都能做到；而不更换他父亲所任用的部属，以及所施行的政治措施，是很难做到的。"

十九

mèng shì shǐ yáng fū wéi shì shī wèn yú zēng zǐ zēng

孟氏使阳肤为士师，问于曾子。曾

zǐ yuē shàng shī qí dào mín sàn jiǔ yǐ rú dé qí

子曰：“上失其道，民散久矣。如得其

qíng zé āi jīn ér wù xǐ

情，则哀矜而勿喜！”

译　孟氏任命阳肤这个人做法官，阳肤向曾子请教。曾子说：“现在，统治者胡作非为，老百姓早就不与他们一条心了。你如果审问出了罪犯的犯罪事实，应该同情他们，可怜他们，千万不要沾沾自喜！”

二十

zǐ gòng yuē zhòu zhī bù shàn bù rú shì zhī shèn

子贡曰：“纣之不善，不如是之甚

yě shì yǐ jūn zǐ wù jū xià liú tiān xià zhī è jiē guī

也。是以君子恶居下流，天下之恶皆归

yān

焉。”

译　子贡说：“商纣王的坏处，也没有现在所说的这么过分。所以君子憎恨成为一个坏人，一旦这样，天下的所有坏事，都会集中算在他一个人头上。”

二十一

zǐ gòng yuē jūn zǐ zhī guò yě rú rì yuè zhī shí
子贡曰："君子之过也，如日月之食

yān guò yě rén jiē jiàn zhī gēng yě rén jiē yǎng zhī
焉：过也，人皆见之；更也，人皆仰之。"

译 子贡说："君子的过失，就好比日食与月食：过错，每个人都看得见；改正了过错，每个人都景仰他。"

二十二

wèi gōng sūn cháo wèn yú zǐ gòng yuē zhòng ní yān xué
卫公孙朝问于子贡曰："仲尼焉学？"

zǐ gòng yuē wén wǔ zhī dào wèi zhuì yú dì zài rén
子贡曰："文武之道，未坠于地，在人。

xián zhě zhì qí dà zhě bù xián zhě zhì qí xiǎo zhě mò bù
贤者识其大者，不贤者识其小者。莫不

yǒu wén wǔ zhī dào yān fū zǐ yān bù xué ér yì hé cháng
有文武之道焉。夫子焉不学？而亦何常

shī zhī yǒu
师之有？"

译 卫国的公孙朝问子贡："仲尼（孔子）的学问是从哪里学来的？"子贡说："周文王、周武王的大道，并没有摔碎在地上，还流传在人间。贤能的人，能掌握大的方向，不贤能的人，也能抓住些细枝末节。周文王、周武王的大道，在哪里都有传承呀。我的老师什么地方不能学到这些，又哪里需要专门的老师呢？"

二十三

shū sūn wǔ shū yù dà fū yú cháo yuē zǐ gòng xián yú
叔孙武叔语大夫于朝曰："子贡贤于
zhòng ní
仲尼。"

zǐ fú jǐng bó yǐ gào zǐ gòng
子服景伯以告子贡。

zǐ gòng yuē pì zhī gōng qiáng cì zhī qiáng yě jí
子贡曰："譬之宫墙，赐之墙也及
jiān kuī jiàn shì jiā zhī hǎo fū zǐ zhī qiáng shù rèn bù
肩，窥见室家之好。夫子之墙数仞，不
dé qí mén ér rù bù jiàn zōng miào zhī měi bǎi guān zhī fù
得其门而入，不见宗庙之美，百官之富。
dé qí mén zhě huò guǎ yǐ fū zǐ zhī yún bù yì yí hū
得其门者或寡矣。夫子之云，不亦宜乎！"

译 叔孙武叔在朝廷上对官员们说："子贡比他的老师仲尼要贤能。"

子服景伯将这话告诉了子贡。

子贡说："就拿房子的围墙来打个比方吧：我家的围墙齐肩那么高，房子内的美景，一望而知。我老师家的围墙却有几丈高，如果找不到进屋的大门，就看不到里面宗庙的华美，房间的多种多样。能够找到老师家大门的人或许不多。叔孙武叔他老人家这么说，不也是很自然吗？"

二十四

shū sūn wǔ shū huǐ zhòng ní zǐ gòng yuē wú yǐ wéi
叔孙武叔毁仲尼。子贡曰："无以为
yě zhòng ní bù kě huǐ yě tā rén zhī xián zhě qiū líng
也！仲尼不可毁也。他人之贤者，丘陵
yě yóu kě yú yě zhòng ní rì yuè yě wú dé ér
也，犹可逾也；仲尼，日月也，无得而
yú yān rén suī yù zì jué qí hé shāng yú rì yuè hū
逾焉。人虽欲自绝，其何伤于日月乎？
duō jiàn qí bù zhī liàng yě
多见其不知量也。"

译 叔孙武叔毁谤仲尼。子贡说："千万不要这么做，谁也毁谤不了仲尼。别人的贤能，就好比不高的山丘，还可以超越过去；仲尼，就如同太阳和月亮，没有谁可以超越他。一个人，如果想与太阳、月亮决绝，对太阳、月亮有什么损伤呢？只是表明他太不自量力了。"

二十五

chén zǐ qín wèi zǐ gòng yuē　zǐ wéi gōng yě　zhòng ní
陈子禽谓子贡曰：“子为恭也，仲尼
qǐ xián yú zǐ hū　zǐ gòng yuē　jūn zǐ yī yán yǐ wéi
岂贤于子乎？”子贡曰：“君子一言以为
zhì　yī yán yǐ wéi bù zhì　yán bù kě bù shèn yě　fū
知，一言以为不知，言不可不慎也。夫
zǐ zhī bù kě jí yě　yóu tiān zhī bù kě jiē ér shēng yě
子之不可及也，犹天之不可阶而升也。
fū zǐ zhī dé bāng jiā zhě　suǒ wèi lì zhī sī lì　dǎo zhī
夫子之得邦家者，所谓立之斯立，道之
sī xíng　suí zhī sī lái　dòng zhī sī hé　qí shēng yě róng
斯行，绥之斯来，动之斯和。其生也荣，
qí sǐ yě āi　rú zhī hé qí kě jí yě
其死也哀，如之何其可及也？”

译　陈子禽对子贡说：“您是故意表现恭敬的吧，仲尼哪里比您还贤能啊？”子贡说：“作为君子，一句话就能看出他的智慧，一句话也能看出他的无知，所以君子说话不可不谨慎。我老师没有人能赶得上，他就好比是天，没有阶梯可以登上去。他老人家如果能成为一国之君，那真是所说的，教老百姓立，老百姓就立得起来，老百姓经过他的引导，必定能听命行动，经过他的安抚，都来归顺，经过他的动员，都能齐心协力。他老人家，生的时候，老百姓都拥护，他死后，大家都很悲哀，我怎么能赶得上呢？”

读后感

知过能改

我们要能认识到自己的错误和缺点，并且改正错误和缺点。

在“子张篇”中，有一句话，说的就是这个道理，这句话是：

子夏曰：“小人之过也必文。”

子夏认为，小人对自己所犯的错误，总是找借口来掩饰，不想让别人知道，好像也不想让自己知道。

其实，谁都会犯错误，重要的是知过能改。

我读《左传》时，读到一个知过不能改的故事。这个故事讲的是，在春秋时期，晋灵公这个人，不会治理国家，还杀害有才能的人。他的大臣中，有个叫士季的人，对他说，不要杀害无辜的人。晋灵公当即说，我知道自己错了，一定改正。士季听了很高兴，说：“人谁无过？过而能改，善莫大焉。”但是，晋灵公表面上答应改正错误，实际却还是杀害好人，最终自己也被别人杀掉了。

知过能改，就能取得进步。比如，苏轼的爸爸苏洵，在 27 岁以前，是个“小混混”，每天游手好闲，吃喝玩乐，不认真学习。后来，他认识到，自己这样做是错误的，浪费了大好光阴，开始认真读书，最后成为“唐宋八大家”之一。

所以，犯了错误，不可怕，只要认真改正，就能取得进步。

觀周欹器

尧曰篇第二十

三则

导读

这是现在流行的《论语》的最后一篇。

其实，《论语》并不止一种，有《古论语》《齐论语》《鲁论语》等种类，每一种《论语》的篇数并不一样，如《齐论语》有22篇，《鲁论语》是20篇，《古论语》是21篇。

以前，《论语》一直有22篇的说法，即还有“问王”和“知道”两篇。但这一说法，一直都是猜测，没有证据。2017年，在江西南昌，西汉海昏侯刘贺的墓被挖掘出来，考古学家惊喜地发现，在出土的竹简中，有《齐论语》，就包括这两篇。目前，“知道篇”的第一章已经被整理出来，内容为：“孔子智(知)道之易也，易易云者，三日。子曰：此道之美也，莫之造也。”

这部《齐论语》，距今有1800多年的历史，是迄今为止发现的最早的《论语》。考古学家整理完成后，《论语》可能就变成22篇了。

我们如果读《论语》很仔细，就会发现，“尧曰篇”与其他19篇有些不一样，不仅只有三则，而且像第一则，与《论语》其他则差别很大，所以，也有人怀疑这些不是《论语》的内容。对这个问题，宋代的朱熹对自己的学生说得好，你不要管文字，要记住的是：“尧曰一篇是夫子诵述前圣之言，弟子类记于此。先儒亦只是如此说，然道理紧要却不在这里。”最重要的道理，就是要看到，孔子是在重复尧、舜这些圣人的话，来启发后代人，向他们学习。

一

尧曰："咨！尔舜！天之历数在尔躬，允执其中。四海困穷，天禄永终。"舜亦以命禹。曰："予小子履，敢用玄牡，敢昭告于皇皇后帝。有罪不敢赦。帝臣不蔽，简在帝心。朕躬有罪，无以万方。万方有罪，罪在朕躬。"周有大赉，善人是富。"虽有周亲，不如仁人。""百姓有过，在予一人。"谨权量，审法度，修废官，四方之政行焉。兴灭国，继绝世，举逸民，天下之民归心焉。所重：民、食、丧、祭。宽则得众，信则民任焉，敏则有功，公则说。

译 尧说：“啧！舜啊！上天的大命已经落到你的身上，诚实地保持着正确的道路！如果天底下的老百姓都陷于贫困中，上天给你的俸禄和地位，也就永远没有了。”舜也把这样的话传给了禹。（商汤）也说：“我这年轻人履，大胆用黑色的公牛作为祭品，斗胆清楚明白地告诉光明正大的天帝：犯了罪的人，我不敢擅自免除他们应得的惩罚。大臣的功劳，我也不敢隐瞒，这些都是天帝您最清楚的。我要是犯了罪，不要连累四面八方的老百姓，四面八方的百姓犯了罪，都由我一个人来承担。”周武王得到上天的恩赐，出现了很多善良、贤能的人。他自己也说：“即使有最亲密的亲人，都不如这些有仁德的人呀！百姓如果有过错，都由我一个人承担。”对待度量衡，要特别谨慎，对法令制度，要仔细审定，恢复那些废弃的官职，政令在全国就都畅通无阻了。恢复那些被灭亡的国家，使断绝了的后代得以继承，重用那些遗落的人才，老百姓的心就都会归到你这里。需要高度重视的事情是：人民、粮食、丧礼、祭祀。内心宽厚，就会得到老百姓的拥护，诚信，就会得到老百姓的信任。勤劳聪敏就会取得功绩，公平正义，老百姓就会高兴。

二

子张问于孔子曰："何如斯可以从政矣？"子曰："尊五美，屏四恶，斯可以从政矣。"

子张曰："何谓五美？"子曰："君子惠而不费，劳而不怨，欲而不贪，泰而不骄，威而不猛。"

子张曰："何谓惠而不费？"子曰："因民之所利而利之，斯不亦惠而不费乎？择可劳而劳之，又谁怨？欲仁而得仁，又焉贪？君子无众寡，无小大，无敢慢，斯不亦泰而不骄乎？君子正其衣冠，尊其瞻视，俨然人望而畏之，斯不亦威而不猛乎？"

子张曰："何谓四恶？"子曰："不教而杀谓之虐；不戒视成谓之暴；慢令致期谓之贼；犹之与人也，出纳之吝谓之有司。"

译

子张向孔子请教："要怎样做，才能处理政事呢？"孔子说："推崇五种美德，消除四种恶政，就可以处理政事了。"

子张问："五种美德都是指什么？"孔子说："君子带给别人实惠，而自己却不花费什么；调动老百姓劳动，老百姓并不怨恨；自己也希望有收获，但并不贪婪；自己舒适安详，但并不骄纵；有威严，但不凶狠。"

子张问："什么能带给别人实惠，自己却不花费呢？"孔子说："老百姓需要什么样的利益，就给他们什么利益，这不是给他人实惠，而自己却不花费什么吗？让老百姓在适合劳动的时候，再调动他们劳动，谁还会有怨恨呢？自己需要仁德，又得到了仁德，还有什么可贪心的呢？君子不论对方人多人少，不论大、小，都不会怠慢他们，这不也是舒适安详，却不骄纵吗？君子衣、帽端正整齐，眼光都不斜着看人，端庄、严肃，使人一看就会敬畏，这不是很威严，但不凶狠吗？"

子张问："四种恶政又是指什么呢？"孔子说："事先不加教育，便杀害人，叫作'虐'；事先没有告诫别人，就找别人要成绩，叫作'暴'；开始不安排好时间，让人慢慢吞吞干活，突然又限定日期完成，叫作'贼'；给人财物，又吝啬、小气，舍不得的样子，没有大将风度，像个管事的小官吏。"

三

孔子曰："不知命，无以为君子也；不知礼，无以立也；不知言，无以知人也。"

译 孔子说："不懂得命运，不能成为君子；不懂得礼仪，在社会上不能立足；不知道辨别他人说的话，就不能真正看清人。"

读后感

成人之美

学会成全他人，也是一种好习惯。

在“颜渊篇”中，孔子就说：

君子成人之美，不成人之恶。小人反是。

在“尧曰篇”中，子张所说的“五美”之一，也就是“君子惠而不费”，其实也有成人之美的意思。

在古代，成人之美的事例太多。比如，鲍叔牙和管仲。鲍叔牙知道管仲有才能，能干大事，所以，不仅什么事都让着管仲，而且，把管仲推荐给齐桓公，让他当齐国的宰相。鲍叔牙就是个成人之美的人。

有些人，不能成人之美，还嫉妒别人。比如，韩非子和李斯，两个人是同学，但是，李斯嫉妒韩非子的才能，不仅没在秦王面前推荐韩非子，最后还把韩非子给杀了。李斯不能成人之美，最后自己也没有好下场。

我们要做个成人之美的人，“不成人之恶”。

后记

应该说，《论语》是每个中国人都要熟读的经典。

以前，孩子的启蒙学习，《论语》一定是必读书，这样做，有两个重要原因。其一，是因为《论语》中的语句，生僻、难认字少，多是常用字，正好可以满足孩子识字读书的需要。其二，更重要的原因是，《论语》中所讲的规矩、品德、学习方法等重要内容，是中国人一辈子安身立命的基础，我们共同的做人准则、道德规范，在这本书里都讲清楚、讲明白了。所以，从娃娃抓起，学习好、理解好、记忆好这样的内容，我们能获得为人处世的基本经验。

只是在最近的一百多年中，我们抛弃传统，认真读《论语》的人很少了，我们也慢慢地读不懂这样的典籍了。

《国学小课堂·论语》这本书的编写，就是想让我们的孩子、家长，以至没有读过《论语》的人，能去读《论语》，也能读懂《论语》。所以，这本书在如下几个方面，努力突破。

第一，这不是《论语》的选译本，而是二十篇、五百多则的完整的《论语》译本。目前，大多数给孩子读的《论语》，都是选本，这样做，弊大于利。最大的缺点，就是孩子对经典的阅读，是破碎的、不完整的。有人担心，五百多则，都给孩子读，是不是内容太多了？前面已经说过，《论语》这本书，以前是作为启蒙识字的读物，并不难，静下心来读，每个人都能读好。

第二，《国学小课堂·论语》是纯粹的《论语》译本，不进行繁琐的注释。有时候，《论语》之所以读起来有压力，注释太繁杂是重要原因。作为学术研究，详细注释是必要的，很有价值。但是，作为让孩子、家长甚至一般人阅读的《论语》，繁琐的注释，会让这些读者面临极大的阅读压力，其结果，往往是一翻开书，就读不下去了。所以，本书的策略就是，背原文，读译文，读得下去，读得完。

第三，《国学小课堂·论语》的译文，参考借鉴了钱穆、杨伯峻等国学大家，以及当代学者杨逢彬先生等人的译本，在此致以谢意。但是，本书的译文，均用平易、简单的语句，特别是孩子能读懂的语言，尽量将《论语》中每一章的意思说清楚、讲明白。做到这一点，其实非常艰难！

让孩子、家长、普通人能读懂《论语》，这是本书写作的最重要的初衷。所以，本书尽量争取在上述三个方面做得完善一些，不负初衷。

让孩子亲近经典，让他们真正进入阅读现场，成为“读书种子”，这是经典传承的最重要方式。因为这个原因，本书设置了“《论语》读后感”这个环节，由何于斯这个小学生，根据他的《论语》阅读经验，自选角度，为《论语》二十篇各作读后感一篇。于斯同学在近五年的时间中，坚持抄写、背诵《论语》，对这一经典的了解，远远超过一般性的阅读。我相信，他选择的角度，虽然“小”，虽然他还没有把控整本《论语》的眼光，但这些角度一定是他感触最深、认同度最高的，“小眼”看《论语》，说不定有别样风景。而且，我更相信，对经典的真正掌握，就是历代读书人都沿用的诵记方法，这种扎实的“童子功”，才是理解经典最过硬的基础。于斯同学能通诵《论语》，甚至能帮助校核原文中的错字、标点符号错误等，熟能生巧，他和许多认真阅读经典的孩子一样，最终能在熟练的基础上，找到真正进入经典的巧妙之门。

最后，还想提及一下，《论语》不仅要熟读，还要能通诵。背《论语》，用点巧办法，有事半功倍的效果。

《论语》一共二十篇，有五百多则。如果要一次记住这么多语句，或者是在短时间内记住，那太困难了。但如果每天背一则，《论语》中的每则语句又不太长，有的甚至只有几个字，如“君子不器”仅仅四个字，这样来背《论语》，就会轻松很多了。要熟读、背诵《论语》，“各个击破”，并且将已经背诵的内容按时复习，是最好的办法。现在，可以试 着每天用手机拍一则《论语》，坐公交车、坐地铁、饭后休息等，拿出来看一下、记一下，不经意间就记住了。当然，如果每天用毛笔，或者用钢笔抄一则或者默写一则《论语》，既是背诵，又可以练习书法，更是不错的办法。

作者简介

何山石，1976年生，湖南岳阳人，武汉大学文学博士，长期从事中国古典文学、传统文化的研究和传播工作。现任职于江西省委党校，已出版《〈管锥编·老子王弼注〉涉典考释与评注》（人民出版社2018年版）、《钱锺书〈管锥编〉的民俗视野考论》（人民出版社2013年版）等专著20余种，参编《朝读经典》（湖北人民出版社2017年版），发表学术论文50余篇。

何于斯，2009年生，6岁开始一直坚持阅读和背诵《论语》《老子》《庄子》《左传》《史记》等典籍，获作文、书法等奖项20余项。

封面绘图：鄂宝莹

图片加工：张　珍

图书在版编目（CIP）数据

论语 / 何山石，何于斯译著.

-- 武汉：湖北美术出版社，2020.9

（国学小课堂）

ISBN 978-7-5712-0314-6

Ⅰ. ①论…

Ⅱ. ①何… ②何…

Ⅲ. ①儒家②《论语》- 少儿读物

Ⅳ. ①B222.2-49

中国版本图书馆CIP数据核字(2020)第011757号

出版发行：长江出版传媒　湖北美术出版社

地　　址：武汉市洪山区雄楚大街268号B座

电　　话：(027) 87679525　87679563

邮政编码：430070

制　　版：武汉象形图文设计工作室

印　　刷：三河市兴国印务有限公司

开　　本：889mm × 1194mm　1/32

印　　张：10

印　　数：3001-16000册

版　　次：2020年9月第1版　2021年6月第2次印刷

定　　价：28.00元